——新课程背景下教师必备基本功

教育科学 研究方法指导

李春超◎编著

教育观察研究法
教育调查研究法
教育经验总结法
教育质的研究方法
教育经验研究法
个案研究
教育历史研究法

JIAOYUKEXUE
YANJIUFANGFA
ZHIDAO

吉林文史出版社

图书在版编目（CIP）数据

教育科学研究方法指导／李春超编著.
——长春：吉林文史出版社，2012.11（2021.6重印）
（新课程背景下教师必备基本功系列）
ISBN 978 - 7 - 5472 - 1287 - 5

Ⅰ．①教… Ⅱ．①李… Ⅲ．①中小学教育 - 教育科学
- 研究方法 Ⅳ．①G632.0

中国版本图书馆 CIP 数据核字（2012）第 263969 号

新课程背景下教师必备基本功系列

教育科学研究方法指导

JIAOYUKEXUE YANJIUFANGFA ZHIDAO

编著/李春超
责任编辑/ 高冰若
封面设计/小徐书装
出版发行/吉林文史出版社
地址/长春市福祉大路5788号
邮编/130118
网址/www.jlws.com.cn
印刷/三河市燕春印务有限公司
开本/710mm×1000mm 1/16
印张/14 字数/150 千字
版次/2013 年 1 月第 1 版 2021 年 6 月第 3 次印刷
书号/ISBN 978 - 7 - 5472 - 1287 - 5
定价/39.80 元

前　言

　　提高教师的"教育科学研究能力"的口号虽然喊了多年，但真正让多数教师深切地感到"教育科研能力直接影响自身工作质量"还是近些年的事。可由于缺少这一能力，仅凭"苦干"和"经验"解决教育实践中出现问题的教师目前还大有人在，他们苦干有余，巧干不足，这与时代发展对教师的要求很不相符。近些年来，许多中小学教师加入到科研大军的行列中，开始尝试开展科研活动。但有的教师科研起步便是从理论到理论，搞空对空的研究，其成效甚微；而重实际、讲实效，真正把教育科研理论和方法运用到中小学实践中去，解决教育教学中实际问题的教师还为数不多。两相比较，之所以有很大差异的主要原因在于其教育科研能力的不同。为此，很多教师想方设法通过多种途径提高自己的科研能力，选一本好书能指导他们自学是当下多数老师的首选。可目前的很多参考书不是理论太深奥，就是实际操作太繁琐，有种让人学起来找不到方向的感觉。因此，老师们很想得到一本"通俗易懂、便于操作"的指导书，本次编写的目的也正是要满足一线教师的这一愿望。

　　在编写中，全书密切结合中小学教育教学实际，既有一般理论的阐述，又突出具体科研方法的一般过程的指导和手段的运用。在贯彻理论联系实际原则的同时，还较为系统地介绍教育科学研究的一般方法论思想及各种具体的研究方法和技术。同时，尽力考虑到当前教育科学研究的现状以及未来的走向，在具体方法的阐释上做了适度的取舍，对实证性研究方法、数量化的研究方法与技术给予了更多的介绍，力求做到学术性与应用性的有机统一。

　　编写中作者感到：只有让书中内容体现出较强的指导性、实践性和可操作性，才能使教师们阅读后从教育科研中获得无尽的源泉和动力。为此，在这三方面下的功夫表现在：

一是注重教师在教育科研中的主体性。除了强化中小学教师树立科研意识外，还增加了科研主体性的问题探讨，旨在激发一线教师从事教育科研的自信心和主体意识；

二是突出教育科研具体方法的指导性。在操作过程的描述中，力求贴近中小学教师的实际，侧重具体的操作层面的指导，如关于课题立项的渠道及如何申请立项等问题，就是在教育科研中教师们首先碰到的难题。本书针对类似的具体问题都有相关指导；

三是链接内容的发散性。在相关的链接中，从各章中的某一点生发开来，用发散的思维方式与书中不易吸纳的内容相链接，引导学习者向与之相关的其他方面进行延伸，进而昭示着教育科研的领域是无限宽广的。

本书在编写过程中广泛吸收借鉴了国内同行的相关研究成果，在此对原创者表示诚挚的谢意。

编　者

2012 年 10 月

目 录
contents

第一章　教育科学研究概述

第一节　教育科学研究概述

一、教育科学研究的概念

教育科学研究是人类科学研究的一个组成部分，是人们探索和认识教育客观规律的重要途径。同其他科学研究一样，教育科学研究也是由三个基本要素组成：客观事实、科学理论和方法技术。同样执行解释、预测和控制功能，只是研究对象特点不同。教育科学研究是指运用科学研究方法和手段获取教育科学知识的实践过程。具体说，教育科学研究是探索教育规律的特殊实践活动，通过对教育现象的解释、预测和控制，有目的、有计划地揭示教育本质，探索教育规律，解决教育实际问题，推动教育发展。

二、教育科学研究的特点

教育科学研究既具有一般科学研究的特点，也具有自身独立特点。主要表现为：

（一）复杂性

教育科学研究的复杂性是由教育科学研究的对象——教育活动的特点所决定的。教育活动作为培养人的一种社会活动，与社会政治、经济、文化都有着密切关系，受多种因素影响和多方面制约，其中有些因素始终处于动态变化之中，使教育研究过程难以控制。另外，教育对象的千差万别也使教育研究工作复杂程度大大加强。

（二）长期性

教育科学研究的长期性是由教育周期长和教育效果的显示具有滞后性所决

定的。"十年树木，百年树人"充分说明对学生的培养和教育不是一朝一夕就能看见效果的，教育效果往往需要几年甚至几十年才能看见。教育周期长、教育效果滞后性决定教育领域的实验研究需要几年实验或长时间进行跟踪研究才能得出结论。另外，有些教育科学研究必须在教育经验基础上进行，而教育经验积累需要一定时间和过程。从事教育科学研究不能急功近利、偶尔为之，不能靠短期突击，要准备长期坚持。但是不同研究课题研究周期长短也是不一样的。

（三）广泛性

进行教育科学研究不是教育科研工作者的专利，广大教育实践工作者（中小学教师）、其他各行各业人士都可以参与教育科学研究工作。广泛性是我国教育科学研究工作的一个显著特点。我国教育科学研究工作具有广泛的群众基础，研究内容涉及教育各个领域。近年来，"科研兴校""向科研要质量"的观念已得到普遍共识，越来越多的中小学教师加入到教育科研行列中来，不再甘当"教书匠"，而是要当"教育家"。

（四）实践性

教育科学研究过程实际上就是一个科学实践过程。也就是说，教育科学研究一般要在教育实践经验基础上进行。在教育实践中发现问题，总结经验，探索规律，对教育产生新的认识和观念，推动教育理论，指导教育实践。没有教育实践，教育科学研究工作将成为无本之木、无源之水。同时，教育科研成果还需要接受教育实践的检验。所以，教育工作者必须做到从教育实践需要进行研究，并深入到教育实践中开展教育研究工作。

（五）创造性

教育科学研究作为科学研究的一种形式，必须具有创造性。教育科学研究不能重复别人的研究成果和结论。在研究方案设计、研究方法选择和运用方面，研究成果产生都要新颖、独特，否则，所进行研究毫无意义，并浪费时间和精力。从事教育研究的人必须具有创新精神和创造能力，要站在教育科学最前沿，了解教育改革和发展动态，要在继承他人和前人研究成果基础上或在别人没有涉及领域，采用新的研究方法和手段进行研究，提出新的见解，得出有价值的结论。

三、教育科学研究的作用

（一）进行教育研究是提高教师素质的有效途径

联合国教科文组织曾在《新技术革命对教师的要求》一文中指出："在当今，从教师在教育体系中的作用看，教师与研究人员职责趋向一致。"在中共中央国务院颁布的《关于深化教育改革，全面推进素质教育的决定》中特别强调，教师要："遵循教育规律，积极参与教育科研，在工作中勇于创新。"身处教育改革和发展大潮中的每一位教师都不能只满足教好书，做一名技术型的教师，必须学习教育理论，结合自己的实际工作，积极参与教育科研，成为教育思想、教育理论、教育方法的实验者和研究者，做一名学者型、研究型的教师。

具有教育科学研究能力是新世纪教师必备素质之一。开展教育科学研究工作是提高教师素质的一条最直接、最有效的途径。教育研究过程实际上就是教师学习提高的过程。通过参与教育科学研究工作使教师知识不断更新，促进广大教师主动学习和掌握教育理论、教育思想，转变教育观念，自觉按照教育规律办事；通过参与教育科学研究工作，广大教师的自主意识和创新精神就会得到激发，而不断总结和突破别人和自己的教育、教学经验，形成独立的教育、教学风格；通过参与教育科学研究工作，教师的教育、教学能力、科研意识和能力得到提高。

（二）进行教育研究是提高教育质量的保证

提高教育质量需要进一步深化教育改革，如需要探索教育体制，更新教育内容，改革教育方法，使用现代化教学手段。而这些方面的改革都离不开教育科学研究。通过教育研究，揭示教育规律，丰富教育理论，更新教育观念，深化教育改革，促进教育质量提高。教育科研水平的高低在一定程度上决定着提高教育教学质量的幅度。"向教育科研要质量"观念已被广大教育工作者、教师接受，并从中受益。

教育工作的复杂性决定教师不能机械使用教育理论，需要在教育实践中对教育理论进行及时探索、研究和实验，只有这样一个研究过程，才能促进教育质量的全面提高。

（三）进行教育科学研究，全面促进教育改革和发展

教育要发展，要全面推进素质教育实施，要培养 21 世纪需要的人才，必须加大教育改革的力度。教育改革不能是盲目的，必须依靠教育科学研究的理论指导、超前论证和实验探索。通过教育科研转变教育观念，为教育改革和发展扫清道路。教育体制、课程、教材、教法等方面的实验研究，使我国教育改革进一步深化。总之，教育事业要发展，教育科研要先行，教育科研全面推动教育改革和发展。

（四）进行教育科研，丰富和完善了教育科学理论体系

教育科学理论的发展和完善，构建具有中国特色的社会主义教育理论体系，需要教育科学研究支持。通过观察、调查和实验等方法，对教育实践经验进行分析、综合、抽象和概括、类别和推理，总结经验和教训，从而发现教育规律，得出结论。尤其是近年来，在深入调查研究我国教育现状的基础上，对教育进行全方位的历史回顾和反思，认真总结我国教育改革和发展过程中的经验和教训，对教育理论和实践的基本问题进行深入研究，丰富了我国社会主义教育理论体系。

第二节　教育科学研究方法的一般原理

一、教育科学研究方法的概念

教育科学研究作为一种认识过程必须在科学方法指导下进行。教育科学研究方法是以教育现象为对象，以科学方法为手段，遵循一定的研究程序，有计划、有组织、系统地进行教育研究和构建教育理论的方式。其目的是解释或预测、发现或发展一定的教育原理、原则和理论。它既是一种知识的体系（思维方式），又是一种行为规则（行为方式）。在教育实践中，存在大量的认识活动，通过这些认识也能在一定程度上认识教育现象的本质和规律，但是这种认识活动缺乏系统性、目的性，带有主观色彩，所以不能称之为教育科学研究。教育科学研究只有运用科学的研究方法，有目的、有计划、系统进行规律性的探索活动，才可称

之为教育科学研究。教育科学研究方法与教育科学研究是密不可分的，所以，教育工作者只有掌握科学的研究方法才能更好地从事教育科学研究工作。

二、教育科学研究方法的研究对象

教育科学研究方法作为一门相对独立的学科，它有自己的研究对象，其研究对象可以划分为三个不同层次。

（一）教育科学研究方法论

教育科学研究的方法论是从哲学层次概括出来的一般方法原则，作为方法的理论表现形态，是进行教育科学研究的指导思想和原则。方法论来源于普遍的哲学思想和研究经验，受社会历史的制约和自然科学成就的影响。教育科学研究方法论是以相应的方法体系和理论来研究教育发生、发展的规律。

（二）教育科学研究的一般方法

教育科学研究的一般方法是对研究的设计，是对搜集到的数据或资料进行处理、分析以及理论加工的方法。包括研究设计、数据统计分析、逻辑推理等。研究设计是在进行教育科学研究之前，对研究进行的周密、合理的设计，使其符合科学研究的要求。数据统计分析是指运用统计学方法对所搜集的数据进行处理与分析。逻辑推理是通过对原始资料的分析、综合、比较、类比、抽象、概括和推理，把具体的事实材料上升为理性认识，并推论出合理的结果或结论。

（三）教育科学研究的具体方法

教育科学研究的具体方法是教育科学研究方法论在教育工作实际研究中的具体应用和转化形态。主要是用于搜集研究资料或数据的各种具体的手段。在教育科学研究中主要包括文献法、调查法、观察法、行动研究法、实验法、统计法、测量法、比较研究法等具体的研究方法。

三、教育科学研究方法的分类

教育科学研究从不同角度可以有多种分类方法，即可以按照适用范围、概括程度、研究方法和研究目的、功能、作用划分。目前教育科学界普遍接受或认同的分类方法有以下几种：

（一）按研究目的、功能和作用划分

1. 基础研究和应用研究

基础研究的主要目的在于发展和完善理论。通过研究，寻找新的事实，阐明新的理论或重新评价原有理论，揭示事物产生的原因，建立教育科学的一般原理，对教育科学的理论发展具有推动作用。

应用研究是为了解决某些特定的实际问题，将有关知识、规律或理论直接付诸实际应用，提供直接有用的知识，对教育科学发展具有实际应用价值。

威廉·维尔斯曼在《教育研究方法导论》中指出："基础研究和应用研究是根据它们各自不同的目标或目的来区分的，应用研究的目的是解决当下的、实际的问题，这样的研究是指向特定问题，基础研究的指向则具有普遍性，它可以为现有学科知识体系增添新的东西。"教育本质、教学过程基本规律、教育目的等问题研究属于基础研究，研究目的是丰富和完善教育科学理论体系。独生子女心理健康和思想品德现状研究、中学生学习特点研究属于应用研究，研究目的是解决教育中的实际问题。

在教育科学研究中，有人对基础研究和应用研究存在一些误解。认为基础研究是高层次的，过程精细，结果准确，但是容易脱离实际，缺乏实用价值，应由教育专家和教育理论工作者进行研究。而应用研究是低层次的，过程简单，无须计划，结果粗糙，但是具有实用价值，可以由教师或非专业化的实际工作者进行研究。实际上，基础研究和应用研究同样重要，不存在复杂程度和价值高低之分，它们的划分只是从研究目的上的划分，而且是相对的而不是绝对的，有时两种研究还互为补充。教育科学基础研究必须通过对教育现象的观察和实验，才能发现内在联系，找出基本规律，实现对现有教育科学知识的拓展。基础研究有时也会产生实用价值。教育科学应用研究在解决实际问题中，往往会反映教育基本规律，进一步支持和完善教育科学的理论体系。

行为研究是应用研究的一种。目的是帮助地方学校决策或帮助教师改进教学方法。其特点是由教师或行政官员来操作，强调对基层日常教育问题的研究解决，不太关心研究结果是否对教育情景普遍适用。

2．发展和预测研究

发展和研究的主要目的在于分析教育未来发展前景和趋势，通过对教育的展望，提出有效的教育策略。主要解决教育"将来会怎样"、"如何改进"的问题。教育经费、义务教育、21 世纪教师教育等问题的研究都属于教育的发展和预测研究。

3．评价研究

评价研究是通过收集和分析资料数据，对一定教育目标和教育活动的相关价值做出判断的过程。如对基础教育新课程改革成效的评价、对两种教学方法效果的对比研究等都属于教育的评价研究。

（二）按研究范式划分

1．定性研究

定性研究是用文字来描述、分析现象的研究。目的是理解社会现象。定性研究过程的本质是一个归纳过程，即从特殊情境中归纳出一般性结论。定性研究在开始研究时并不强调对所研究的问题要有一个理论基础，一个理论在研究过程中可以逐渐形成或改变，甚至放弃。定性研究往往是在自然情景中进行的，注重过程影响，研究所获得的结论也只适用于特定的情景和条件，结果要靠叙述性文字来说明。

2．定量研究

定量研究是用数字、量度来描述对象的研究。目的是确定关系、影响和原因。通过数据呈现说明统计结果。定量研究从一开始就要考虑以什么样的理论为基础，它强调标准研究程序和预先设计。在研究过程中比较关心的是个别的变量和因素，对结果和产品予以极大重视。

定性研究和定量研究虽然在概念、方法上存在根本差别，但是它们关系密切，相辅相成。在教育科学研究中，这两种方法都是有价值的，经常混杂在一起使用，形成一个连续的研究过程。实验研究是典型的定量研究，调查研究、比较研究是介乎于定性研究和定量研究之间的研究。

（三）按研究方法划分

1．历史研究

历史研究是通过对教育现象发生、发展和演变的历史事实进行系统地、客观地评价与综合研究，寻找解决当前问题的办法。如杜威教育思想对当前基础教育新课程改革的影响，孔子教育思想在当前教育改革中的意义。

2．描述研究

描述研究是通过问卷、调查、访谈、观察以及测验等手段搜集资料以验证假设或回答有关现实的问题。如对初中生学习动机的调查研究、独生子女家庭教育现状的研究、大学生心理健康现状的研究等都属于描述研究。

3．实验研究

实验研究是指研究者提出一定的假设，在教育活动中创设能够验证假设的环境和条件，主动控制研究对象，排除无关因素的干扰，从而探索事物的因果关系。如20世纪80年代黑龙江两县一市的"注音识字、提前读写"的实验、上海青浦县顾泠沅的"及时回授"、"尝试指导"实验等都属于实验研究。

4．理论研究

理论研究是对复杂的教育问题从理论上进行分析和综合，抽象和概括，从而发现其内在规律或得出一般性的结论。如教育本质、德育功能、学生主体性问题的研究都属于教育理论研究。理论研究一是要注意方法的分类，二是把握教育研究的发展趋势。

5．比较研究

比较研究是根据一定的标准，对两个或两个以上有联系的事物进行考察，寻找其异同、探求某些共同特点或发展规律的研究方法。如探究性学习和接受学习的比较研究、东西方教育制度的比较研究等都属于比较研究。

思考题：

1．结合教育实际工作，谈一谈中小学教师进行教育科学研究的重要性。

2．教育科学研究有哪些基本特点？

第二章　教育科学研究课题的选择和论证

教育科学研究过程是一个连续性活动，一般可以归纳为：选择研究课题—查阅文献—提出假设—制定研究计划或方案—收集资料—分析资料—得出结论—撰写研究报告。任何教育研究都要从选题和论证开始。

第一节　教育科学研究课题的选择

一、教育科学研究课题选择的意义

选择教育研究课题就是经过选择确定下来的所要研究的问题。教育领域中有许许多多的问题有待于研究和解决，但不是所有问题都能作为研究课题，研究课题需要从一大堆尚未认识和有待解决的教育问题中挑选出来。选择确定教育研究课题是整个研究过程第一步，也是关键一步，一切教育研究活动均从选题开始。课题选择如何直接关系到教育研究工作的质量和成败。英国科学家贝尔纳说过："课题的形成和选择，无论是集体智慧作为外部条件的经济技术要求，还是作为科学本身的要求，都是研究工作中最复杂的一个阶段。一般来说,提出课题比解决课题更困难……所以，评价和选择课题，便成为研究战略的起点。"如果课题选择适当，就等于完成了研究工作的一半，就能取得预期的效果。如果课题选择不当，就会事倍功半，浪费人力、物力和财力，甚至会半途而废。因此，选择课题是一项极其复杂的、具有重要意义的工作，不仅需要花费较多时间和精力反复考虑，慎重决定，而且还需要研究者具有一定的科研能力、创造性和强烈的科研责任感。

二、教育科学研究课题的来源

教育科研课题可以有多种来源，一般来说，应从以下几方面选择课题：

（一）从教育实践中选择课题

从教育实践中选择科研课题是进行教育研究最常用的选题方式。一方面，研究课题从教育实践中产生，具有很强的针对性，同时，教育实践经验又可以为课题形成提供一定依据。另一方面，我国教育事业正处在改革和发展的关键时期，在教育实践中出现许多新情况、新问题，存在许多矛盾需要解决，丰富的教育实践，为我们寻找教育科研课题提供了有利条件。反过来通过课题研究又可以推动教育改革，充分体现教育科学研究的实用性。

在教育实践中要注意从不同层次、不同角度选择课题。工作在教育第一线的教师最了解教育的复杂性，最了解教育对象——学生，最了解教育中哪些问题亟待解决，所以广大教师从教育实践中选择课题更具有明显而深远的意义。既可以为教育实践需要服务，又有助于自身教育素质提高。只要平时处处留心观察，多动脑筋思考问题，具有开拓创新精神，就会发现大量的、值得研究的、有价值的课题。

（二）从教育理论中选择课题

通过对教育理论学习，从中发现问题，为我们进行教育科研提供丰富的课题，验证已有教育理论。可以是别人没有研究过的；可以是别人研究过的，但是还有争议的问题；可以是从前人研究中发现的值得进一步深入探讨的问题；可以是学习教育理论时产生新预测的问题；可以是对现有教育理论、传统观点产生怀疑的问题；可以是教育与其他学科相互交叉的问题等。

（三）从教育科研规划中选择课题

随着科教兴国战略的全面实施，随着教育事业发展和改革的深入，教育科学研究受到整个社会和教育行政部门的普遍重视。从中央到地方各级教育行政部门、科研机构和学术团体都定期制定《教育科学研究规划》，提出教育科学研究基本目标和总体要求，并提供大量教育科研课题。如在全国教育科学规划领导小组编写的《全国教育科学"十五"规划课题指南》中，就综合研究和分类研究两部分，提供了500多项课题。

从中央或地方的教育科学研究规划中选择的课题，一般都是立项课题，需要报有关部门审批。进行此类课题研究，便于上下结合，集中组织力量，有计划、有步骤地开展研究工作。

三、教育科学研究课题选择的原则

（一）可行性原则

可行性原则是指在选择课题时要考虑到完成课题所面临的主客观条件。主观条件是指研究者自身水平和能力，包括教育科学知识掌握、精力、兴趣、爱好、科研经验、思维特征等。客观条件是指进行课题研究所需要的仪器、设备、经费、时间、研究对象、资料等。主客观条件是从事教育科学研究的前提。选题是否可行受研究者主客观条件限制，有些条件可以解决，有些无法解决，选题时就要放弃。选题不能草率，只有具备一定主客观条件的课题才有预期成功的可能，如果根本没有实现可能，选题就等于零。研究者要根据主客观条件，选择自己力所能及的课题进行研究，如选择自己比较熟悉、感兴趣、适合自己现有水平的课题。

（二）方向性原则

选择课题的关键就是要把握好研究问题的方向。所选课题无论是来自教育实践，还是来自教育理论；不管是研究宏观教育问题，还是研究微观教育问题，都要以促进教育事业发展、深化教育改革、提高教育质量为目标。选题不能偏离教育为社会主义现代化建设服务，培养德、智、体、美全面发展的建设者和接班人，实施素质教育的大方向。偏离这个大方向，课题研究也就失去了意义。所以，应该围绕我国教育改革和发展过程提出的重大理论问题和现实问题，选择对当前教育理论和教育实践具有积极意义的课题进行研究，如当前可以围绕素质教育理论和实践选择课题。对广大中小学教师来说，主要从教育实际需要出发，选择研究课题。

选题在把握好促进教育事业发展大方向的基础上，也要考虑满足研究者的兴趣、爱好、专业、晋升职称和求学需要。但是要处理好教育科研方向与个人兴趣的关系，个人研究目标要和教育科学研究大方向达到高度统一。

（三）创新性原则

著名物理学家李政道说过："在选择课题时，了解人家做了什么并不重要，最重要的是了解人家不会做什么。"创新性是科学研究的灵魂，教育科学研究也不例外。选择教育科研课题一定要有先进性和新颖性，这样才能使自己的研究处于领先水平，才具有较高的研究价值，才能既解决实际问题，又有助于教育理论水平和科研能力的提高。要尽量选择别人没有研究过的、没有解决的问题作为研究课题。一个具有开拓新的研究领域，提出新思想、新理论的课题才是有价值的，值得研究的课题。对已有公认的结论、对原结果有所怀疑或有新的看法，应确定新的角度进行研究。选择课题时要继承和借鉴他人成果，来权衡自己研究课题是否确切，但是要尽量避免模仿别人，重复前人做过的工作，那种课题研究没有什么意义和价值。

第二节 教育科学研究课题的论证

课题的论证是指对已经选择的教育科研课题进行分析、预测和评价的过程。课题论证一般在选题过程中、开题之前通过项目申请书或者立项报告等形式进行。

课题论证的目的在于分析课题的研究价值，预测研究结果，避免选择课题过程中的盲目性。

课题论证过程也是一种研究过程。要进行课题论证，研究者必须做好充分准备，要用大量的、详实的资料，对自己选择的课题从研究目的、研究特色、创新程度、国内外研究趋势、研究方法、步骤、手段等方面进行深入系统的评价。通过课题论证，使课题方案进一步完善，为课题研究提供保障。

一、课题论证的内容

课题论证要从以下几个方面进行：

1. 本课题研究的目的、意义（理论意义和应用价值）。

2. 本课题研究的基本内容和范围。

3. 与本课题有关的国内外研究的现状。

4．本课题的创新程度与突破之处。

5．本课题研究的方法、途径、手段和实施步骤。

6．本课题研究的基本条件分析。

7．课题研究最终成果形式。

二、课题论证报告的撰写

课题论证报告撰写没有固定的格式，一般按照课题论证内容要求用说明形式或表格形式撰写。

撰写课题研究意义、目的、内容和范围部分，一定要注意实事求是。对本课题研究意义和价值不能随意夸大，要用精练概括的文字直截了当地说明研究目的，对研究内容和范围要表述清楚。

撰写与本课题有关的研究现状部分，一定要详细交代，以表明研究者查阅大量资料，已经掌握以往研究动向，做好研究准备工作。如写清楚本课题目前是否有人研究，研究达到的程度，得出哪些结论等。

撰写研究方法、手段和途径部分，一定要层次分明。先说清研究的总体思路，再交代研究对象选择、研究方法、手段使用，最后介绍研究步骤及阶段划分。

撰写课题基本条件分析部分，一定要说明课题组在主客观条件上的优势和特色。如写清参加课题人员结构（成员研究方向、发表论文和著作、研究经验）、任务分配、经费预算和物资设备等。

撰写课题最终成果形式部分，一定要明确最终研究成果的形式、数量和完成人。

思考题：

1．教育科学研究课题的来源有哪些？

2．教育科学研究课题的选择需要遵循什么原则？

3．一项教育科学研究课题应从哪几个方面进行论证？

4．请围绕一项教育科学研究课题，撰写立项报告。

第三章　查阅文献

　　查阅文献是教育科学研究过程中不可缺少的一个重要步骤。在进行教育科学研究的初始阶段，通过查阅文献可以确定教育科学研究课题和研究方向。文献是选题的基础和依据。教育科学研究课题确定之后，更要广泛地查阅文献，以便全面了解与确立课题的一切相关情况，这时文献又为教育科学研究工作提供信息，成为教育科学研究工作的起点和条件。所以，在一定程度上，查阅文献直接关系到教育科学研究工作的开始、进展、质量和成果。

第一节　文献概述

一、文献的概念

　　"文献"一词最早出现在《论语·八佾》之中："夏礼，吾能言之，杞不足征也；殷礼，吾能言之，宋不足征也；文献不足故也。"朱熹注："文，典籍也，献，贤也。"文献是记录知识和信息的载体。具体说，文献是指借助纸张、胶片、磁带、光盘、磁盘等载体，以书写、复制、录音、录像等方式和手段记录下来的，能够被人们所感知的文字、图像、图表等知识和信息。

　　文献是记载人类知识的重要手段，可以帮助人们克服时间与空间上的障碍，文献是传递、交流研究成果的重要渠道和形式。作为重要的信息资源，记录、储存传递人类已有知识和经验，推动人类知识增加和科技进步。文献中的信息和知识可以被无数人反复使用，具有良好的社会效益和经济效益。

　　教育科学文献是记载有关教育知识和信息的载体，是进行教育科学研究不可缺少的重要组成部分。

二、文献的类型

根据不同的划分标准，文献可划分为多种类型。

按照信息载体的不同，可把文献划分为纸张文献、音像文献和机读文献三种类型。

纸张文献是以纸张为载体、以书写或印刷等方式记录知识和信息的文献。音像文献是以磁性材料、光学材料为载体，以磁带、光盘、胶卷等手段记录知识和信息的文献。机读文献是以计算机为载体，以软件形式储存起来的文献。

按照加工程度的不同，可把文献划分为一次文献、二次文献和三次文献三种类型。

一次文献也称原始文献。是直接对事件经过、研究成果、新知识、新技术第一次加工而形成的文字记载。包括日记、会议记录、论文和专著手稿、档案等。一次文献具有创造性，是科学研究中最宝贵的第一手材料。

二次文献是指他人对无序的一次文献进行加工和整理而形成的系统、全面地反映某一学科专业或专题在一定时空范围内的文献线索，一般包括目录、索引、提要和文摘等。

三次文献是在利用二次文献的基础上，通过对一次文献的广泛分析、综合而编写出来的专题报告、专著、动态综述等。三次文献虽然是第三手资料，但结论明确、内容新颖、信息量大，参考更为方便。

按照文字表达手段可划分为文字文献和非文字文献。

文字文献是以文字形式记载知识和信息。包括书籍、报刊、档案和日记、书信等个人文献。

非文字文献是以音像、计算机软件等形式记载知识和信息。包括图片、照片、录像带、光盘、磁盘等。

三、文献在教育科学研究中的作用

（一）帮助研究者确定教育科学研究方向和研究课题

查阅文献是明确研究方向和确定研究课题的有效途径和不可缺少的关键环

节。通过查阅有关的教育文献资料，就会收集和掌握大量的教育研究领域关于某一问题的信息，对获得的教育研究信息进行分析和综合，就可从中了解到哪些教育课题前人已做过研究、采取的研究方法是否科学、研究水平如何、哪些问题有待于进一步深入研究等。通过查阅文献资料获得的信息为研究者明确研究方向和确定研究课题提供依据。

（二）避免不必要的重复劳动，有助于教育科学研究质量和效率的提高

根据美国一基金会统计发现：一个从事社会科学研究的人员，在他的全部研究活动中，需要用 7.7% 的时间选择课题，用 52.9% 的时间查阅文献资料，用 32.1% 的时间进行实验研究，用 7.3% 的时间形成研究成果。由此可见，查阅文献在科学研究中具有重要地位，研究者必须保证用足够的时间查阅文献资料。在进行教育科学研究之前和课题确定之后，查阅教育文献资料也是非常重要的，可以让研究工作做到有备无患。研究者通过查阅教育文献，占有大量资料，可以全面了解前人在该领域、该问题上已做过的工作和已取得的成果，既可以继承前人的研究成果，又可以总结前人的经验和教训，使自己取得较高水平的研究成果。研究者在查阅大量文献资料的基础上，就会避免不必要的重复劳动，避免浪费时间和精力，而全身心地投入到最有价值的课题研究中去，大大提高研究工作的效率。

（三）为教育科学研究提供了科学的研究方法

在教育科学研究中，文献法可以作为一种独立的教育科学研究方法来使用。通过查阅文献资料，把以往和现在的研究情况进行分析、比较、归纳、推理，就会从中得到启发和借鉴，进一步发现事物之间的关系，提示教育规律，得出研究结论。

四、教育文献的形式

教育文献具有数量多、内容广、系统性、积累性和继承性等特点。教育文献的形式多种多样。

（一）书籍

包括名著要籍、教育专著、教科书、资料性工具书及科普通俗读物。它是

教育文献中品种最多、数量最大、历史最长的一种形式。

名著要籍是指一个学派、一个时代、一个学科最有影响的权威著作。如古今中外著名教育家的教育名著、马克思主义经典、作家论教育等。

教育专著是指就教育领域某一学科、某一专门问题全面系统的论述。专著中阐明作者的学术观点，反映学术研究的最新进展。

教科书是指教育的专业性书籍。要求具有科学性、系统性和逻辑性。其内容包括教育科学的基本理论、基础知识、教育学科领域的科研成果及讨论的问题。

资料性工具书是指教育辞书和百科全书类的书籍。教育辞书是提供教育科学术语的资料，规范、精确，以条目的形式出现。百科全书是指概要记述人类一切门类知识或某一门类全部知识的完备工具书。它提供包括定义、原理、方法等多方面的资料，反映了当代学术的最新成就。《中国大百科全书·教育》于 1985 年出版，是我国第一部教育百科全书，收集词目 800 多条，反映了教育科学全貌及最新研究成果。

（二）报纸和期刊

报纸是指主要刊载新闻和评论、出版周期较短的定期出版物。教育类报纸有北京出版的《中国教育报》、《中国教师报》和《教育文摘周报》；山西太原出版的《德育报》；陕西西安出版的《教师报》；河南郑州出版的《教育时报》；四川成都出版的《教育导报》等。报纸信息量大，传递信息快，现实感强，是重要的情报源，对教育发展起一定影响作用。

期刊也称杂志，是指有固定名称、定期或按宣布期限出版、并计划无限期出版的连续出版物。教育类期刊有许多种，如北京出版的《教育研究》、《中国高等教育》、《教育与职业》、《清华大学教育研究》、《中国高教研究》、《中国教育学刊》、《中国科技教育》、《人民教育》、《教师教育研究》、《课程·教材·教法》、《比较教育研究》、《中国教师》、《北京教育》、《中小学管理》、《教育科学研究》、《中小学心理健康教育》、《班主任》、《中小学管理》、《中国教师》等；上海出版的有《华东师大学报·教科版》、《全球教育展望》、《上海教育》、《外国中小学教育》、《教育发展研究》、《基础教育》、《上海教育科研》、《素质教育大参考》等；吉林省出版的有《现代教育研究》（高教研究，普教研究）、《吉林教育》、《中小学教师培训》、《现代中小学教育》、《外国教育研究》、《教学案例》、《校长阅刊》等；其他的有《教师之友》、《教师博览》、《教育科学》、《教育理论与实践》、《教育评论》、《师道》、《班主任之友》、《教书育人》、《教育探索》、《黑龙江高教研究》等。期刊出版周期短，内容新颖，反映了有关学科领域研究的最新动态和最高成果，是从事教育科学研究最有效、最简便的情报源。

（三）教育档案

档案是指人类在各种社会实践活动中直接形成的，并且具有保存价值的原始文献材料。教育档案包括教育年鉴、教育法令集、教育调查报告、学术会议文献、地方志、碑刻和墓志等。《中国教育年鉴》系统汇集了各年我国教育的基本情况，以条目的形式，分门别类地全面系统地概括了各个年度各类教育发展成就和经验、教育法规、统计资料及重大事件。

教育文献形式多种多样，搜集的途径也要多种多样。可以通过图书馆、档案馆、书店、学术会议、资料室、计算机网络和专家访谈等途径搜集教育文献资料。

第二节　查阅文献的过程和方法

一、查阅文献的过程

查阅文献绝不是到图书馆找一些书，东抄一段，西摘一段。查阅文献既是一个搜集的过程，又是一个分析和研究的过程。查阅文献一般要经历以下几个阶段：

（一）准备阶段

首先，对要研究的课题进行思考和分析，弄清课题目的、要求后，确定与课题相关的关键内容。其次，要制定查阅文献的项目标志（作者姓名、文献类别、形成时间、发表时间和文献主题），选定查阅工具（书目、检索和文摘）。

（二）查阅阶段

查阅与研究课题相关的文献资料，找出重要和有用的资料，按顺序阅读，通过书目登记、文章摘录、读书笔记等方式将需要的资料记录下来。然后，把这些资料按照内容或重要程度排序或分类。

（三）加工阶段

对已经查阅到的资料进行深入细致的加工，剔除无关、重复、过时和虚假的资料，做到去伪存真，去粗取精。对经过加工准备使用的资料，还要进行批判性阅读，有选择地写出文献评论或综述，准备好完整的文献目录。

二、查阅文献的基本方法

（一）逆时查阅法

逆时查阅法也称倒查法。是指按照由近及远、由新到旧、由现在到过去的时间顺序查阅文献的方法。新的文献、近期文献是在对旧的、以前文献概括、总结、纠正的基础上形成的，往往材料比较新，比较可靠。所以，逆时查阅法能够提高查阅文献效率。不足之处是使用此法容易漏查。

（二）顺时查阅法

顺时查阅法是指按照由远及近、由旧到新、由过去到现在的时间顺序查阅文献的方法。对研究课题所需要的文献资料，按照事件发生、发展的时间顺序进行查阅，最大的好处是可以掌握比较全面的文献资料。在查找过程中，可以随时进行比较、分析和筛选，及时了解所要研究问题的整个发展进程。这种查阅方法涉及文献范围较广，使用起来比较复杂。

（三）跟踪查阅法

跟踪查阅法也称引文查阅法。是指利用已掌握的线索查阅有关文献的方法，即利用我们已有的专著或论文中涉及到的参考文献做线索，跟踪查找与自己确立的研究课题有关的文献资料。这种查阅法优点是文献所在范围集中，操作简单，可以迅速获得所需资料，节省大量时间和精力。不足是用此法查找到的文献资料容易受原作者引用资料时的主观性和局限性影响，所以文献可靠性和质量值得考虑。

（四）计算机查阅法

随着计算机的普及和网络技术水平的提高，利用计算机查阅文献资料在教育科学研究中被广泛使用。其好处是高效、省时、省力，查阅文献范围不受限制，查阅速度快，可以随时进入相关网站和主页查阅文献，所需资料还可下载和打印。

目前，有许多教育网站可以访问查阅教育信息。

（五）综合查阅法

综合查阅法是指把各种常用的查阅工具结合在一起使用、获得所需文献资料的方法。常用的查阅工具有书目、文摘和索引。

书目是揭示与报道一个国家在一定时期内所有图书和其他出版物的目录。通过各种书目可以查阅各个不同历史时期、不同类别的教育文献。常用的查阅教育文献的书目有《四库全书书目提要》、《汉书·艺文志》、《全国总书目》、《中国出版年鉴》等。书目一般著录文献名称、作者、卷册、版本、价格、所属学科，有的还包括内容提要等。书目为我们查阅文献提供了一个基本内容框架。

文摘是简明、确切地记述原文献重要内容的、语意连贯的短文。文摘条目通常由题录（题名、作者、期刊名称、出版年、卷、期、页码、语种）、文摘正文和补充项目（参考文献、插图、表格的数量、文摘员姓名等）组成。文摘可以帮助我们迅速、准确地鉴别一篇文献内容，决定取舍；可以从中获得所需资料，在一定程度上代替原文；节省查阅文献的时间和精力。文摘形式多种多样，就文摘载体而言有书本式、期刊式、卡片式等，就文摘内容而言有综合式文摘和学科式文摘。《教育文摘》、《高教文摘》、中国人民大学书报资料中心的教育类《文科卡片》是目前常用的教育文摘。

索引是把书籍和报刊中的项目或标题摘记下来，编成简短的条目，按一定顺序排列，并注明出处、时间、刊号或出版社名、页码等。索引的作用是提示文献内容和指引人们查找文献。索引形式多种多样，分著者索引、题名索引和主题索引等。《全国报刊资料索引》是国内比较著名的资料索引。

第三节　文献的阅读、整理和利用

一、文献的阅读

（一）文献阅读的方法

查阅到的教育文献很多，不可能把每一篇文献都一一阅读，为了节省时间和提高效率，要根据文献的重要程度，采用浏览、粗读和精读三种不同的阅读方法。

浏览就是迅速地对文献资料作出"侦察"。拿到文献后，阅读文献的目录、导言或内容提要，以便对文献资料有一个大体的了解。对于其中的个别章节也可以进一步阅读。

粗读就是把在浏览中认为有用的、有价值的文献（全部内容或部分内容）拿出来进行阅读，对文献的价值进行判断。粗读是用高速度去阅读，只求粗略了解文献基本内容和特点，不要求掌握、理解或记忆具体内容。但是，对重要的资料可以作出标记或记录。

精读就是对那些经过判断确实属于重要的文献资料进行系统阅读，要深入理解，准确掌握基本观点，并能给予恰如其分的评价，能够熟练运用。

（二）做好阅读笔记

查阅文献并做好阅读笔记是最好的、最常用的整理文献的方法。通过这种方法获取的文献资料重要部分不会遗漏。具体做法是：对每一篇阅读过的文献做一个准确而完整的书目登记，要记录作者、标题、出处、出版日期和页码；对每一篇阅读过的文献要通过摘要形式保存下来，即将文献中的要点和估计今后能用得上的资料摘录下来。摘要用不着太长，尽可能简短，能满足研究者需要即可，但是摘要必须包含必要信息，要与原文保持一致。

（三）批判性阅读

当查阅了大量文献之后，对所查阅的文献就会有一个总体印象，可以从中发现哪些文献与自己所要研究的课题有关系，哪些关系不大，甚至无关。对与研究课题关系密切的文献需要进行重点阅读。由于各种教育文献资料的质量存在一定差别，研究者在阅读文献时要有一定分析和综合能力、判断和识别能力，要在浏览文献基础上进行批判性阅读。要识别所查阅的文献内容是否具有逻辑性；文献各部分之间是否协调；主题表达是否充分；研究结果是否合乎情理和具有推广价值；研究方法与研究过程是否一致等。如果文献不符合上述标准，对你的研究课题不会有帮助。

（四）撰写文献综述

完成文献阅读之后，要写出文献资料综述。研究者从自己阅读过的文献中找出值得利用的文献，在对文献阅读整理、思考分析的基础上，把这些文献中的有关信息综合起来，用自己的语言将与研究课题有关的文献内容叙述出来，在叙述过程中可以根据需要进行评论。

文献综述包括叙述性文献综述和述评性文献综述两种类型。叙述性文献综述可以根据需要进行必要的组织和构思，但是观点、数据必须忠实于原文，不能加入综述者自己的观点。述评性文献综述可以加入综述者自己的观点，但是所占篇幅不能过大，一般放在最后，以便与原文观点区分开来。

二、文献的整理

查阅文献的目的是利用文献开展课题研究工作。所以，查阅有关文献资料以后，研究者要对这些文献进行及时整理，以便于充分利用。大多数研究者都有适合自己的整理文献方法，现将整理文献基本步骤介绍如下：

（一）把文献资料进行分类和排序

文献资料的分类的排序是文献整理的重要步骤，通过分类和排序，我们能把大量文献资料系统地保存起来，使用时可以毫不费力地将所需要的材料随时找出来。没有这一步，查阅到的文献资料就会成为一堆难以利用的废纸。分类和排序过程实际上也是对文献的初步分析过程。

首先，要把文献资料进行分类。为了便于查找和使用，要按照文献资料的结构和种属关系进行分类，在每类文献前要附加说明性的标题和简短的类别说明。

其次，把分类后的文献资料进行排序。要从研究的实际需要出发，按照文献间相互逻辑关系进行排序，使各类文献资料都有固定而合理的位置。为了便于查找，可以给各类文献标上号码。

（二）建立资料索引和内容摘要系统

完成文献分类和排序后，要把序列记录下来，形成资料索引。

三、文献的利用

阅读、整理文献的目的是为了更好地利用文献。在利用文献时要注意以下两点：

（一）利用文献要全面、准确

文献资料的全面准确是保证研究成果可靠的必要条件。使用的文献资料越全面、准确，研究成果就越充实、越可靠。据国外的学者调查表明：文献资料按其质量可划分为三种类别：一类是必要情报，占 30% 左右；一类是错误情报，占 5% 左右；一类是冗余情报，占 65%，这类情报中包括必要的冗余和不必要的冗余。只有我们掌握的文献资料全面、准确，才能分析和识别哪些文献资料是有价值的，哪些是无用的，甚至是错误的。如果我们掌握的文献资料不全面、不准确。即使课题再有价值，研究过程再严密，再合乎逻辑，其研究结果也不可能是正确的。

（二）利用文献要在扬弃中创新

由于受时代、地域、阶级和个人条件等因素的影响，文献资料带有一定的局限性。所以，在利用文献资料时不能完全照搬照抄，而是要对文献资料进行深入的分析综合，进行加工提炼，做到在批判中继承，在扬弃中创新。只有这样才能发现值得研究的问题，产生解决问题的新思路、新观点，形成高质量的研究成果。

思考题：

1. 什么是文献？

2. 查阅文献有哪些基本方法？

3. 请围绕一项教育科学研究课题，查阅文献，并写出一篇文献综述。

第四章　教育科学研究过程设计

选定了课题，并针对课题做好查阅文献资料工作，下一步就需要对教育研究过程进行设计，即指定一个完整的研究工作实施计划。研究过程设计在整个教育科学研究中是举足轻重的一步，它关系到研究预定目标实现，影响研究工作效率和研究结果的可靠性。所以有人说过："方案设计好就等于研究工作完成一半。"教育研究过程设计包括选择教育研究对象、确定具体教育科学研究方法、分析研究变量、形成研究计划四个方面。

第一节　选择教育科学研究对象

教育研究一般涉及的研究对象范围比较广泛。由于人力、物力和财力等因素的限制，把成千上万的学生作为教育研究的对象逐一进行研究是不可能的，也是不必要的。所以，在进行教育研究时，我们要选择一定的研究对象进行研究，即通过对具有代表性的研究对象的研究，接受研究对象本质特征，保证研究结果的可靠性。恰当选择教育研究对象，是教育科研设计过程中的重要环节。

一、总体和样本

总体就是教育研究对象的全体。

样本（也称样组）就是从总体中抽取的、对总体有一定代表性的一部分个体。样本所包含的个体数量称为样本容量。

二、抽样

抽样（也称取样）是指研究者遵循一定规则，从总体中抽取有代表性的样本的研究过程。

　　科学抽样是进行科学研究的基本要求。如果某项课题研究的对象是个别人或数量不多的几个人，就不存在抽样的问题，但是，在教育研究中，多数课题涉及研究对象比较广泛，我们不可能也不必要把总体中所有成员都作为研究对象。抽样可以选取一个有代表性的样本，通过对这个样本的研究，用样本特征去推断总体特征，用对样本的研究结论，得到关于这个总体的具有推断意义或普遍意义的结论。采用抽样可以减少研究对象的数量，节省财力、物力和财力，使研究力量集中，研究工作深入细致，提高研究工作效率。

三、抽样要求

为了保证抽样合理性、科学性，抽样时应遵循以下基本要求：

1. 明确总体界限

研究目的、任务决定总体的内涵和范围，总体内涵就是一定时空范围内研究对象的全部总和。总体的范围就是将来研究者准备把研究成果推广到的范围。选择研究对象必须与课题目的、任务所规定对象相一致。也就是说，研究者打算将来把研究成果推广到什么样的范围，就应该在哪个范围内抽样。如要对某市初中生学习动机进行调查研究，总体是某市所有初中生，选择研究对象必须是某市范围内的城市中学、农村中学、重点中学和一般中学的男女初中学生。这项课题的研究结果只能推广到"某市初中生"这一总体中去。

2. 样本要有代表性

抽取的样本要尽可能地代表总体。从总体中抽取的部分研究对象应具备总体对象的性质或特点，只有样本具有代表性，才能由样本特征推断总体特征。如对某市初二学生学习负担情况进行调查，不可能对某市所有的初二学生进行逐一调查，可以抽取若干名学生作为样本，通过对这些学生的调查说明某市所有初二学生的学习负担情况。因此，被抽取的这些学生是否具有代表性就显得非常重要。本项调查在抽取样本时要充分考虑男女学生比例、农村中学和城市中学、一般中学和重点中学的不同特点等因素，在考虑周全的前提下抽取样本才能具有代表性。

3. 合理的样本容量

样本容量能影响研究成功的可靠程度。一般来说，在人力、物力、时间允许的条件下，样本容量越大，样本代表性就越好。但是，样本容量并不是影响抽样效果的唯一指标。有时样本容量太大，会造成人力、物力、财力和时间上的浪费，不利于研究工作进行，甚至会降低研究过程的严密性，影响研究结果的准确性。

确定样本容量要考虑研究类型、预定分析的精确程度、研究允许误差大小、总体同质性、研究者主客观条件、抽样方法等多方面因素的影响。

描述研究、调查研究的样本容量应为总体的 10%，除少数情况外，调查研究的样本容量不能少于 100。相关、比较研究的满意样本每组至少 30。

实验研究确定样本时要考虑条件控制的严密程度。条件控制比较严密的实验研究，被试人数可以相对少一些，如心理学实验，每组 15 人。条件控制不严密的教育实验，最好是以一个自然教学班为单位，一般不少于 30 人。

4. 尽量防止抽样偏差和降低抽样误差

教育研究中，一般在两种情况下容易出现抽样偏差。一是样本代表性差，用样本的结果去推断总体的一般情况，就会出现抽样偏差。二是没有使用随机抽样或随机抽样使用总体源有偏差。如为了调查某市 10 所中学初三 60 个班级学生的生活自理情况，现从每所学校选 1 个有 40 名学生的班级作为样本，这样一共抽取容量为 400 人的样本。由于每个学校选取的班级都是学生自理能力较好的班级，所以，调查结果不能代表 10 所中学 60 个班级学生这个总体，出现抽样偏差。

抽样误差是指样本指标数值与总体指标数值之间所存在的离差。如我们从总体容量为 1800 的初一学生中随机选出容量为 180 的样本测量学生身高，结果初一学生平均身高为 166 厘米。我们不能说初一学生这个总体平均身高就是 166 厘米，它们之间存在误差，只能说总体平均身高在 166 厘米左右。

抽样误差越小，说明样本代表性越好，研究者分析影响误差大小因素，通过各种方法估计样本可能存在误差，努力将误差降低到最低程度。

四、抽样基本方法

（一）简单随机抽样

也称单纯随机抽样。它是按照随机的原则，直接从总体中抽取几个单位作为样本，总体中的每个个体都有同等被抽取的机会。

简单随机抽样有两种具体方式：

1. 抽签法

把总体中每个个体依次编上号码，并把每个号码都写在签上，把所有的签充分混合后，从中抽取一个签，记下号码，然后把已抽取的签放回，再次混合和抽取，反复多次，直到抽取够样本所需数目为止。

2. 随机数目表

《随机数目表》是一种经过严格编制的由许多数字组成的表，全部数字排列是随机没有规律的，每一个数字相互独立，出现的概率均等。例如要从2000名学生中抽取一个100人的样本，先把2000名学生从0001—2000编号排列，然后从随机数目表中任意一个数字开始向一个方向抽取，以四位数为一个编号（假如总体单位只有三位数，则应以三位数为一个编号，以此类推），共抽取100组数据。在《随机数目表》（见附录一表1）中，第11行第1列开始向右摘取数字：1818，0792，4644，1716，5809，7983……所抽取的四位数中，凡是属于2000以内的号码，均可作为抽取对象，凡是不属于2000之内的号码要跳过，重复号码不再选取，直到抽取100组。

在教育研究中，一般总体较大时可使用《随机数目表》抽取样本，总体较小时，可使用抽签方式抽取样本。

简单随机抽样，方法简便易行，总体中每个个体被抽取的概率是相等的，从理论上讲符合统计检验要求。然而简单随机抽样也有很大局限性，当总体较大、样本容量较小时，用此抽样方法获取的样本代表性差。

（二）等距随机抽样

等距随机抽样也称机械抽样或系统抽样。先将总体中每个个体按一定顺序排列编号，再按照相等距离或间隔抽取所需要的个体作为样本。计算抽取间隔的公式是 $K=N/n$（k 为抽样间隔、N 为总体数、n 为样本数）。

如某项研究要从 1000 名学生中抽取 100 名学生作为样本。首先要把 1000 名学生进行编号；其次计算抽取间隔 $K=N/n=1000/100=10$；在编号从 1—10 的学生中随机抽取第一个样本单位，如这个号码是 6，然后做等距抽样 6、16、26、36……直到选够 100 个样本为止。

等距随机抽样实际是变相的简单随机抽样，由于它是在总体范围内有系统地进行抽样，可以解决简单随机抽样可能造成的各单位抽取人数比例不均衡的问题，减少抽样误差。所以这种方法比较准确、合理，实际应用较广泛，也是一种简便易行的抽样方法。在使用等距抽样时要考虑总体情况，如果总体存在周期性变化，如男生单号，女生双号，就可能出现样本系统误差，造成抽取的样本只有一种性别。

（三）分层随机抽样

分层随机抽样也称分类随机抽样。把总体按照一定标准（单位属性特征）分成若干层次或类别，然后，按照事先确定的样本大小及各层次或各类型在总体中所占比例抽取一定数目的样本。

分层抽样可按下列步骤进行：

(1)了解总体各种特征差异,按差异分组,计算每一类别在总体中所占比例。

(2) 根据各组在总体中所占比例，分配各组中每种类别的人数。

(3) 从总体的不同类别的对象中，按规定人数在各组中随机抽取样本。

如对某校 500 名初一学生的语文阅读能力进行调查，用分层抽样方法抽取 80 名学生作为样本。首先，要了解 500 名初一学生的各种特征差异，按其中一种特征差异分层，如按照学生期末语文阅读成绩分层，可将学生分为四类：优秀（100 人）、良好（200 人）、中等（150 人）、较差（50 人）。计算每一类别人数，优秀组占总体的 20%，良好组占总体的 40%，中等组占总体的 30%，较差组占总体的 10%。根据各组在总体中所占比例，应该分别在优秀组抽取 16 人，在良好组抽取 32 人，在中等组抽取 24 人，在较差组抽取 8 人作为样本，由此组成 80 人的样本组。

分层随机抽样兼顾了总体的各个层面、各个类别，可以使样本中各层次人数构成与总体中的人数构成比例相当，由此获得的样本具有代表性。尤其在知道某些因素会对研究结果产生影响的情况下，为了消除这些因素的影响，更要采用分层随机抽样抽取样本。

（四）整体随机抽样

整体随机抽样是从总体中抽取一个或几个单位整体作为样本，而不是从总体中逐个抽取样本。一个群体一旦被选为样本，群体内的所有个体都包含在样本中。

教育研究往往需要按班级进行，而不是按分散的个人进行。使用整体随机抽样，便于研究工作进行，节省人力、物力和时间。由于班级整体内部成员具有差异性，在一定程度上影响样本的代表性，存在样本误差，在统计推理上有一定缺陷。所以，整体随机抽样要结合其他方法（简单随机抽样、分层随机抽样）使用，样本容量足够大，就可以相对减少误差。

（五）多级抽样

多级抽样一般在总体太大、样本只占很小的比率时使用。如全国性调查就需要采取多级抽样方法抽取样本。无须在每个省都抽取样本，可以先在一定区域（某省、市）抽取，在从一定区域中抽取一定学校，再从这些学校中抽取一定数量的学生做样本。

多级抽样是在总体太大的情况下不得已而采取的抽样方法，它借助一级级的抽样为最后抽取样本做过渡。多级抽样是一种综合抽样方法，在每个层次抽样过程中，可以使用简单随机抽样、分层随机抽样等方法。

（六）有意抽样

有意抽样也称按目的抽样。研究者按照课题目的、要求和自己意愿抽取样本。

在教育研究中，随机抽样并不完全适合所有情况，有些研究由于条件限制，不宜采用随机抽样抽取样本。如研究特殊儿童或超长儿童的学习特点，就要以特殊儿童或超长儿童作为抽样对象，这样选出的样本在总体常态分布图中往往占偏左或偏右位置，所以称他们为有偏样本。通过有意抽样抽取的样本，其代表性不能在概率基础上讨论，只能在逻辑基础上讨论，并限制研究结果推广范围，无法估计抽样误差。

通过以上对抽样和方法的介绍，我们会发现，在确定教育研究对象时，抽样标准、方法及样本大小一定要选择适当，它们直接关系到研究能否顺利进行和结果是否准确。

第二节　选择教育科学研究方法

一、选择教育科学研究方法的意义

在中外教育史上，教育科学研究常用经验总结方法和思辨方法，不能否认它们的积极作用，但是具有很大局限性，在一定程度上影响研究水平和研究质量。

在教育科学研究中，选择正确的研究方法是取得教育科学研究成果的必要条件之一。研究方法选择得当，有助于研究质量提高和加快研究进程；研究方法选择不当，会造成时间和精力的浪费，会影响研究成果的科学性和可靠性，甚至会得出错误结论。

二、选择教育科学研究方法的主要依据

（一）要根据研究课题的目的和任务选择方法

前苏联著名教育家赞可夫曾说过："方法总是要适合研究问题的性质。"课题研究目的和要求不一样，选择研究方法也就不同。一般来说，研究目的是为

了收集反映教育客观现实的大量资料，通常采用调查法（谈话、问卷等）；研究目的是为了了解学生日常行为表现，主要采用观察法；要调查学生知识技能掌握情况一定要采用测验法，要了解某一时期教育发展情况，则必须采用历史法等。

（二）要根据研究对象特点选择研究方法

不同对象选择不同方法，例如研究对象是研究者能够直接接触、并能控制在视野之内的，就可以采用观察法。研究对象是研究者不能直接接触到的，就需要采用调查法进行研究。同样使用调查法，谈话法适合各种不同程度的学生，而问卷法适合对高年级学生使用，不适合对低年级学生使用。

（三）要根据课题研究进程选择研究方法

处于不同研究阶段要选择不同研究方法。研究之初宜采用观察法、调查法、行为研究法等以发现事实，提高行动效果为目的的方法，保证课题研究顺利进行。随着研究深入，选择实验法等以揭示事物的因果关系或验证事物必然性为主要目的的方法，以便取得可靠的结论。

（四）要根据研究主客观条件选择研究方法

如在选择研究方法时要考虑研究人员的科研素质，前苏联教育家施图雷曼说过："研究方法的效果不仅决定于研究方法的本质，而且还取决于科研人员本身是否非常客观地使用方法。"科学化程度高的研究方法对研究者要求也高，如果选择方法研究者使用不当，会使研究成果科学性受到影响。在选择研究方法时还要时间、人力、物力、仪器、设备等客观条件。

在教育科学研究中，针对某一项研究课题选择研究方法，只能说是在选择一种起主导作用的方法。实际上一项研究课题完成，不能只依靠一种研究方法，常常需要几种研究方法的优化组合。在课题研究中，我们应该根据课题目的、任务和条件，把各种研究方法有效地配合起来使用，并把握它们内在联系，才能揭示事物的本质，得出科学的结论，达到预期的研究目的。如我们要研究"加强新时期学校德育工作"这样一个课题，应采用调查法了解学校德育工作的现状，通过历史法总结学校德育工作的经验和教训；再用观察法了解学校对德育工作是如何加强的及德育实施过程，再采用实验法去探索改革和加强学校德育工作的新途径。

第三节 分析研究变量

任何一项具体的教育科学研究课题，都要受到许多因素影响，而这些因素往往是以变量形式表现出来的。在教育科研设计过程中，要对这些变量给予具体确定和认真选择。

一、变量概念

变量是指在一个研究中不同的个体具有不同价值或条件的特征。如进行两种不同教学方法对初一学生的语文成绩的影响效果的比较研究，其中，两种教学方法是变量；两种不同教学方法实施后，要对学生语文成绩进行测量，不同学生会有不同分数，语文分数是一个变量。教育科学研究通过调查、实验等科学研究方法揭示变量之间的关系。

二、变量类型

教育科学研究中涉及多种多样的变量，根据不同标准，可以把这些变量划分为不同类型。对不同类型变量的了解，有助于研究工作的开展和提高研究结果的有效性。

依据变量之间的相互关系可划分为自变量、因变量和无关变量。

自变量是由研究者主动操纵而变化的变量在研究中常指那些能引起被测量行为特性变化的变量。

因变量是随着自变量变化而起变化的变量，在研究中指对被试行为进行测量的方面或特性。

无关变量也称控制变量，是指与某种特定研究目标无关的变量。无关变量是相对自变量和因变量而言的，是一个不同于起主要作用的自变量，在任何教育研究中都存在无关变量，有来自被试方面的、主试方面的、研究设计方面的、实验条件方面的，它的效果可以由研究者控制。

在两种不同教学方法对初一学生语文成绩的影响效果的比较研究的例子中，教学方法是个自变量，学生语文成绩的分数是因变量。

自变量是研究者选定的实验条件，以期引起某些因变量的变化，用来决定它对被试行为的影响。研究者一般试图从自变量出发解释因变量，自变量可以影响因变量。在某种意义上说，因变量取决于自变量。在研究中自变量和因变量都可能是一个或多个。

在研究设计过程中，研究者要对自变量和因变量之间会呈现什么样的关系做出判断。自变量和因变量之间是一种因果关系，即一种变量的变化直接导致另一种变量的变化；自变量和因变量之间也可以是一种相关关系，相关关系包括正相关、负相关和零相关。正相关是指如果两个的变动方向相同，即一个变量变化时，另一个变量同时发生或大或小与前一个变量相同方向的变动。负相关是指一个变量变动时，另一个变量发生或大或小与前一个变量方向相反的变动。零相关是指一个变量变动时，另一个变量做无规则变动。

三、选择与确定研究变量

在教育研究中应该根据研究目的选择和确定研究变量，并考虑研究变量的性质、数目和特点。

（一）选择自变量

在一项教育研究中往往有多个自变量，如将学生学习成绩作为因变量，那么教材、教学方法、教学条件、教师教学水平、教学时间等因素都会影响学习成绩。如果把这些因素都当成自变量，就难以辨别学生成绩的提高究竟是哪个自变量在起作用。在教育研究中，要对自变量进行选择，即研究者必须确定哪些是可以主动操纵的自变量，哪些是无法主动操纵的自变量，找出能真正引起因变量变化的自变量。在选择自变量过程中，要防止自变量的混淆，并保持自变量的单纯性。如果多个自变量之间发生混淆，会使观测到因变量的变化不可靠，由此影响研究结果。在教育研究中，有时需要使用一个复合自变量。那么，就应该逐个地、单独地考察每一个认定自变量所起的作用，找出关键成分，进一步分析各因素的优化组合问题。

（二）确定因变量

在教育研究中，首先要确定哪些是我们感兴趣的因变量。因为自变量的变化会引起很多相应变化的量，如启发式教学方法作为自变量，会引起学生学习成绩提高、学生学习兴趣的变化、学生能力的变化、师生关系的变化等。确定因变量时要尽量全面、完整、有重点。

其次，进一步考虑测量和检验研究变量的指标，即抽象定义和操作性定义。在教育研究中，经常会遇到一些难以表达清楚的变量。如学生的学习能力、学生的思维能力等。要使这些变量量化，必须采用一些工具。先要建立抽象定义，即一系列人们认可的有关某个研究变量共同本质的概括，再建立操作性定义，即关于如何或用什么办法测量变量的描述。没有操作性定义，变量是无法测量的。一个变量也不可能有一个操作性定义，不同的操作性定义会影响对研究结果的解释。操作性定义能提高研究结果的可解释性，并可以用于重复的研究。

（三）控制无关变量

在教育研究中，如果对无关变量不加以控制和消除，将无法确定因变量变化的根本原因。所以在选择和确定研究变量的同时，必须明确无关变量，要考虑哪些无关变量将会对研究结果产生影响，针对不同无关变量要选择不同控制方法。

第四节　制定研究计划

研究计划是在进行研究设计的基础上、对整个研究过程的全面规划，对研究各项主要工作进行合理安排。

一、研究计划的基本内容

一个完整的研究计划应该包括以下几方面内容：

（一）课题名称

课题名称应简明具体，具有创新性。

（二）阐述所要研究课题的目的、意义

课题研究目的主要从两个方面进行阐述：一是本课题要解决什么问题，包括本课题国内外研究现状和趋势，涉及学科领域，存在主要问题，要说明本课题立题根据、创新程度、突破之处。二是本课题研究意义，包括理论意义、实践意义，对丰富教育理论、深化教育改革和提高教育质量的推动作用。

（三）课题基本内容

说明课题研究具体内容包括哪几个方面，研究内容的重点、难点是什么。如果是比较大型的课题，还要根据研究内容结构划分出若干个子课题。如"提高中小学生全面素质的研究"就可以划分出：(1)中小学生素质现状调查研究；(2)提高中小学生心理素质的研究；(3)提高中小学生思想素质的研究；(4)提高中小学生文化素质的研究；(5)提高中小学生科学素质的研究等。

可以按照不同思路，对研究内容进行表述，如可以从历史研究、现实研究和方法研究三个角度来确定研究问题的顺序。

（四）规定课题研究实施步骤与过程

详细说明课题研究对象的选择，研究方法的确定和使用，制定工作方案和进度计划。

（五）研究条件

课题研究已具备工作基础和有关条件，如研究队伍的组织、分工、参加人员水平、研究所需要资料和设备、研究手段。

（六）经费预算

对图书资料费、调研费、购置设备费、打印费做出初步估计等。

（七）研究成果形式及推广范围

研究成果可以划分为阶段性研究成果和最终研究成果。研究成果形式包括研究论文、研究报告、专著、教材、音像制品、教具、学具等。在研究计划中要标明各项成果完成的时间、成果名称、形式和负责人。

以上六方面是研究计划的基本内容。在申报和交流课题时要高度概括研究计划内容，写出包括课题意义、主要内容、预期成果等在内的摘要。

二、研究计划的基本格式

一般来讲，研究计划格式没有严格统一要求。因为研究课题类型不同，研究计划也存在一定差别。如定量研究的研究计划一般具有结构性，研究计划应该包括研究基本内容。

例如：专题研究计划格式

1.本课题研究目的、意义。

2.本课题研究主要内容。

3.本课题国内外研究现状和发展趋势，预计有哪些突破。

4.完成本课题条件分析，包括人员、资料、手段等。

5.课题组分工情况。

6.课题进度。

7.经费预算。

8.研究成果形式。

思考题：

1.请用随机抽样、等距抽样和分层抽样等方法从某校200名初三学生中抽取一个样本容量为50人的样本。

2.选择教育科学研究方法的主要依据有哪些？

3.请用实例说明什么是自变量、因变量和无关变量？怎样选择和控制这些研究变量？

4.请选择一项教育科学研究课题，进行研究设计，并写出研究计划。

第五章 教育观察研究法

观察法是科学研究的基本方法之一，也是教育科学研究中广泛运用的重要的收集资料的方法。通过观察，可以使教师及时了解学生的情况，有的放矢地开展教育和教学活动；通过观察，也可以采集大量的现场资料，作为理性认识的根据，提高教育科学研究的有效性。所以，无论是教师，还是教育科学研究者，都必须掌握观察法。

第一节 教育观察研究法概述

一、教育观察研究法的概念及意义

（一）教育观察研究法的概念

简单地说，观，就是看；察，就是分析研究。

观察，就是指有目的、有计划、有步骤地获得事物某些基本现象和特征的感知活动。

"观察"与日常生活中的"看"是有区别的。日常生活中的"看"是一种自发的、随机的感知，而"观察"是有目的、有计划的知觉。通过"看"所得的信息不利于形成科学的结论，而通过"观察"获得的资料可用来说明一定的问题。

观察法是指在自然条件下，人们按照一定的目的和计划，通过感官和辅助仪器对研究对象进行有系统的考察研究，获取有关的第一手原始材料的方法。

观察法是人们最早采用的、最基本的一种科学研究方法。研究往往是从对事物的原始材料的分析开始的、观察法也经常与其他研究方法结合使用。

把观察法应用到教育研究中来，就成为教育观察研究法。

教育观察研究法，是指教育研究者在比较自然的条件下，通过感官或借助一定的辅助仪器，对学生或教育现象进行有目的、有计划的考察，从而获取有关的第一手原始材料的教育科学研究方法。

在教育科学研究中，学生和教师的各项活动都可以进行观察；可以在校内观察，也可以延伸到校外；可以在整个教育过程中进行，也可以只选取其中的某些环节。比如：为了了解某教师的教学情况，可以连续随堂听课；为了了解青春期学生思维、言语的特点，可以在这一年龄阶段学生中抽取一些人作为观察对象，对他们的言语、行为反应进行观察，并做完整的记录等。观察法不只局限于肉眼观察、边听边记，还可以利用照相机、录音机、录像机等仪器作为辅助工具，以获得大量真实的第一手资料，为进一步的研究服务。

（二）教育观察研究法在教育科学研究中的意义

科学研究都离不开观察，它是收集科学事实的基本途径，也是发展检验各种理论的实践基础。伟大的科学家达尔文在观察分析古生物化石的基础上提出了震惊世界的进化论。巴甫洛夫曾教导他的学生，应当先学会观察，不会观察，就永远当不成科学家。在教育科学研究中，观察法也是很早就开始采用的研究方法之一。瑞士学者裴斯泰洛奇早在 18 世纪下半叶，就用观察法系统地记录了自己 1.5 岁儿子的发展情况；前苏联教育家苏霍姆林斯基曾先后对 3700 名学生进行观察、记录，研究德育问题；我国的幼儿教育家陈鹤琴，从他的第一个孩子出生起，就开始进行周密的观察，为《儿童心理的研究》一书的撰写积累了宝贵的资料。

在教育科学研究中，观察法具有特别重要的意义和价值，主要有以下几点：

1. 观察法可以积累资料

使用观察法可以获取教育现象及其变化的第一手原始资料。观察是了解学生的窗口，也是进行研究的出发点。通过对观察对象进行全面、细致的观察研究，可以获得大量真实的感性材料，为进一步认识教育现象之间的内在联系和本质属性、探索新的教育规律奠定基础。

2. 观察法可以发现问题

观察法是教育工作者及时了解教育工作现状、及时发现问题的重要手段，是制定正确的教育措施和方法的重要前提。对学校领导来说，通过观察可以发现学校中存在的问题；对普通教师来说，通过对学生课上、课余各种表现的细心观察，可以及时调整自己的教学，解决学生们的各种问题。

3. 观察法可以验证假设

观察法是确立研究课题、检验教育理论观点的重要途径。爱因斯坦曾经说："理论之所以能够成立，其根源在于它同大量的单个观察联系着，而理论的'真理性'也正在于此。"

由于观察法既不妨碍研究对象的日常学习、生活和发展，也不会产生不良后果，更不需要复杂的设计和特殊的设备，简单易行，因而，深受广大研究者和教育工作者青睐。

二、教育观察研究法的特点与要求

（一）教育观察研究法的特点

1. 观察法的目的性和计划性

教育观察研究法作为一种科学的研究方法，不同于日常生活中自发的、随意的观察。它要求观察者目的明确，对观察活动的时间、顺序、实施过程、对象、要观察的行为、使用的工具以及记录方法等都有预先的计划、安排和准备。这样才能提高观察的效率和质量，提高所获得的资料的正确性。

2. 观察的自然性和客观性

观察法是在不施加任何人工影响的自然环境中进行的。观察对象没有受到人为因素的干扰，完全以本来的状态呈现，真实、自然。在观察时，观察者主要根据观察对象的具体活动来收集资料，排除主观因素的影响，保证了资料的客观性。

3. 广泛的适用性

观察法的用途比较广泛，不仅适用于一般的研究，也适用于一些较为复杂现象的研究，如人的情绪、态度等。不仅可以用于探索性的研究，也可以作为描述性研究最基本的搜集资料的方法，甚至可以作为其他研究方法的辅助手段，是一种常用的研究方法。

（二）教育观察研究法的要求

要提高观察结果的客观性和可靠性，应严格按照下列要求进行实施。

1. 观察要有目的、有计划、有中心、有范围、有标准

观察者要在观察前制定观察提纲，确定要观察什么，按照什么样的顺序观察，重点观察什么，观察要素的统一标准有哪些，并在观察中严格执行。例如：观察课堂上"分心"学生的表现时，既不能忽视教学过程中教师和学生的全部活动，又必须把注意力集中在不注意听讲的学生的具体表现上。

2. 观察要客观，不带有任何偏见，如实、全面地记录

对观察到的现象要如实记录，不能根据观察者的主观意愿而随意挑选。必要时可以利用录像机、录音机、照相机等辅助仪器拍摄研究对象的活动，但应尽量隐蔽，不要引起观察对象的注意而干扰其正常活动。记录要全面、详细，为节省时间可以预先制定记录表格和速记符号。

3. 观察时不要干预观察对象的活动

观察者应尽可能避免让观察对象察觉到其正在被观察着。在不需要与观察对象接触时，可以通过观察屏、暗藏录音机、录像机进行观测。如果必须直接进入现场，则应把可能吸引观察对象注意的因素减到最低限度，如在上课前进入教室、服饰不要特殊，不对其行为做评价等，不能影响其正常的活动。

4. 对同一行为的观察应保证足够的时间或次数，避免材料的偶然性

观察次数越多，观察越深入、精确，越能发现问题，确保观察的客观真实性。否则，观察次数少、时间短，可能把偶然现象当成典型现象来收集，影响研究的可靠性。

5. 观察结果必须具体准确

观察结果必须具体、精确，如果能进行统计或数量表达，就要用准确的数

字表示。必要时可以用一些辅助仪器、仪表，如计时器等。

三、教育观察研究法的适用范围及局限性

（一）适用范围

1. 在研究的起始阶段，研究者希望获得研究对象的直接、感性材料，以发现问题。确定研究方向时，可以运用此方法。

2. 当研究需要获得研究对象或事物发展变化的第一手资料时，可用此法。

3. 当研究对象表达不清或不愿意接受访谈或问卷调查时，可以通过公开或隐秘的观察搜集到需要的资料。

（二）局限性

1. 观察法只能说明现象"是什么"，难以说明"为什么"出现此类现象或行为。只能对研究对象的外部表现、外部联系进行观测，难以深入到对其内在本质、内在联系的研究。

2. 观察法是在自然条件下进行的，干扰因素难以控制。只能等待观察对象出现该类行为，研究处于被动的境地，比较费时，对急于获得结论的研究不适用。

3. 观察结果难以进行精确分析，对结果的解释易受到研究者素质、技能的影响。

总之，在教育科学研究中，应根据研究课题的性质与要求，尽可能地把观察法与其他研究方法结合使用，以取长补短。（举例参见本书第十章，第二节）

第二节 教育观察研究法的类型与方法

一、教育观察研究法的类型

教育观察研究法可以从不同的角度进行分类。

（一）根据观察过程的控制程度不同，可以分为正式观察法和非正式观察法。

1. 正式观察法

正式观察法又叫结构观察法，是一种有控制、有系统的观察，一般应用于科学研究。其主要特点是：结构严谨、计划周密、观察过程标准化。对要研究

的行为进行严格的定义，并制定记录表格，训练观察者，对整个观察进行严格控制，用严格的、先进的方式（如数量化方式）分析资料，可信度高。

2．非正式观察法

非正式观察法，又叫非结构观察，对观察的内容与计划没有严格的控制和规定，依据现场的实际情况而进行，适合于教师获取有关日常教学和班级情况等方面的信息，或者帮助观察者主动地发现新问题，常在探索性的研究中使用。但资料分析的难度较大。

（二）根据观察者是否直接对观察对象进行观察，可分为直接观察和间接观察

1．直接观察

直接观察是观察者直接凭借自己的感官进行观察。比如：利用随堂听课对教师、学生的互动行为进行观察。它的好处是身临其境、感受真切，但对观察者自身的知识水平、性格、意志等有很高要求。另外，人的短时记忆容量有限，在信息多、时间紧的情况下，很难完整地记录下来。

2．间接观察

间接观察是利用一定的辅助仪器进行观察的方法。在教育研究中利用录像、录音等方法或者运用观察屏，在专门的观察室中进行观察都是间接观察。这种方法克服了人感官的局限性，避免了由观察者直接出现而引起的干扰。但是间接观察法受观察角度、仪器性能等方面的制约，观察者无法了解现场的背景，只能了解一些表面行为，影响观察结果的真实性。

（三）根据观察时观察者是否参与观察对象的活动，可以分为参与观察和非参与观察

1．参与观察

参与观察是观察者直接参与观察对象的活动，一边与其共同活动，一边进行观察的方法。参与观察，又可根据参与的程度不同，分为完全参与观察和部分参与观察。完全参与观察，是指观察者隐瞒自己的身份和目的，完全置身于

观察对象之中，所有活动都一起进行。部分参与观察，是指观察者不隐瞒自己的身份和目的，得到观察对象允许后进行观察，观察者可以有自己的独立活动。完全参与观察的好处是能深入了解到观察对象的真实情况，但易受到观察对象感染，从而影响观察的客观性。不完全观察由于受到观察对象的接纳而避免了观察对象的心理疑虑，但易使观察对象夸大或隐瞒自己的行为，甚至不合作，而使结果失真。

2．非参与观察

非参与观察是指观察者以旁观者的身份，对观察对象进行观察的方法。优点是能获得客观的、公正的事实资料，但难以深入了解观察对象的内部情况。

（四）按照观察的方式分类，可以分为取样观察法和追踪观察法

1．取样观察法，可分为时间取样观察法、事件取样观察法、场面取样观察法和阶段取样观察法。时间取样观察法是以时间线索记录特定的时间内发生的现象。例如：记录一个男孩 10 分钟内记住了几个成语。事件取样观察法是只对某些特定的行为、事件进行观察，如观察学生间的竞争行为。场面取样观察法，是指观察者有意识地选择一个自然场面，感知观察对象的行为。例如：观察考场中考生的表现。阶段取样观察法是指只选取某一阶段时间，例如：月初、中旬、月末的某一时间，进行有重点的观察。

2．追踪观察法

追踪观察法，是指长期的系统而全面地对观察对象的发展过程进行考察。这是个案研究的常用方法。这种观察法也叫日记法或传记法。

（五）根据观察的对象，可以分为自我观察法和客观对象观察法

1．自我观察法

自我观察法是指研究者对自己进行观察。常用于对自我认知、自我情趣等内在心理活动或过程的研究。这种方法可以增强自我了解，或者通过自我体验来研究某些现象，但易受到主观因素的影响和限制。

2. 客观对象观察

客观对象观察是指以主体以外的事物、活动和他人为对象的观察法。前面讲的直接观察法、间接观察法、参与观察法、非参与观察法、抽样观察法和追踪观察法都属于此类，客观性较强。

二、观察的具体方法

观察的具体方法很多，在教育科学研究中常用的主要有实况详录法、事件取样法、时间取样法、特性等级评定法、日记描述法、轶事记录法、频率计数图示法以及行为核对表法等。其中，前四种方法属于正式观察法，后四种属于非正式观察法。

（一）实况详录法

实况详录法是在一段时间内，连续地、尽可能详尽地记录观察对象的所有表现或活动的观察方法。

也就是说，观察者要无选择地记录观察对象行为的全部细节，获得对这些行为的详细的、客观的描述，而不能加以主观推断、解释和评价。

实况详录法对记录者有较高要求，单凭做笔记较为困难。如果条件允许，最好采用现代观察技术，如录音或录像技术，可将现场实况全部实录下来，以后再作处理。如不具备这类设备，应使用速记法。做笔记时，为了防止疲劳，可以将详记时间限制在半小时之内。如需记录较长时间的内容，则应由几个观察者轮流记录。记录时应十分谨慎，不能加入自己的主观意见与评价。

在教育科学研究中，实况详录法一般用在一些系统的观察研究和非时间取样的观察研究当中。因为，实况详录法有利于获取比较系统、详细的第一手材料，特别是在持续时间比较长的观察研究中能详尽地考查事件或活动的发展状况。例如，要了解某学生学习行为的特点就可以使用这种方法收集资料，作为进行定性或定量分析的依据。

在整理实录资料时，可以采用两种方法使获取的资料数量化。第一，采用时间抽样的办法,将实录下来的全过程分成相等的时段（如每段 30 秒或 1 分钟），将每一时段中发生的行为记为某一类型，然后将各类型行为发生的时段数乘以每一时段的时间长度，可以得出各类行为发生的时间长度分数。第二，记录各类行为发生的频率、次数，如记录某一堂课，教师提问的次数，某学生回答的次数等。

实况详录法的优点是能提供详尽丰富的有关学生行为及其发生环境的背景等资料，并可作长久的保留，可用于多种目的分析。它的缺点是对记录技术要求较高，记录和处理资料花费时间较多，需大量实录资料才能获得有代表性的样本。

（二）时间取样法

时间取样观察法，是在一定的时间内，按一定时段观察预先确定好的行为或现象，或按预先规定好的行为分类系统将行为归类的方法。

时间取样观察法是一种测量行为的方式，其原理与被试取样的原理相似，将被试在每一时间阶段中的行为，看成是通常行为的一个样本。从理论上可以认为，如若抽取充分多的时段，在这些时段中所观察到的行为，便可代表被试的一般行为，即有代表性的行为，可以得出规律性的结论。

运用时间取样法进行观察研究，首先要确定观察时间，要求每隔一定的时间间隔进行观察。既可以按某种选定的时段进行观察（如每周二、四、六上午第三节课，观察学生注意听讲情况，每次观察5分钟，持续4周）；也可以每隔若干秒（分）为观察到的行为分类。同时，应预先规定所要观察行为的详细操作定义，以及系统的行为记录表格，以便及时地对观察到的行为进行记录。

时间取样观察法要求在实施前作大量的计划工作。包括确定行为的操作定义、决定观察的时间间隔、规定记录的方式等。这在一定程度上摆脱了观察者的主观性，使观察到的行为具有客观性和代表性。这种方法还可使观察过程本身与资料分析过程简化，可收集到关于行为频率的资料，提供定量结果，是目前常用的比较先进的观察研究方法。

但时间取样法也有局限。首先，它仅适用于研究经常发生的行为，一般来说，对在 15 分钟内不易出现的行为不适用。其次，它仅适用于观察外显的行为，对思维、想象等内在的心理活动无法观测。第三，难以得到关于环境、背景的资料，很难揭示因果关系。

例如：对小学低年级学生上课时注意力集中时间和程度的观察研究[1]。

表5-1 记一次20分钟的语文字词抄写作业

时间		百分比（%）
开始—5分钟	全班学生踏实认真书写，没有任何声音动作。	100
5分钟后	3人开始看别人的作业，并提出别人的书写毛病。	7.8
6—10分钟	7人开始有动作，或开始发愣，有的玩铅笔、橡皮等学习用具。	18.4
10分钟后	20人开始有动作、发愣，有的开始发出声音。	52.03
13分钟时	6人完成作业。	15.79
20分钟时	14人完成作业（24人未完成作业）	36.84
又延续5分钟后	又有30人完成作业（4人未完成）	52.65

初步分析： 一年级学生在完成一些重复性记忆作业（如字词抄写、生字书写等）时，最佳时间段为10—15分钟。这段时间内，学生注意力较集中，能认真完成作业。教师布置作业时应注意这一点，以便达到较理想的效果。

（三）事件取样法

事件取样法是根据一定的研究目的，观察某些特定行为或事件的完整过程的方法。

如对师生交往行为的观察就可用此法。它要求预先确定好所要观察的行为或事件的类型，并且需等候所选行为或事件发生，才能做记录。

事件取样法与时间取样法的不同之处在于，事件取样法不存在受时间间隔与时段规定的限制，只要所需事件一出现，便可记录，且可随事件的发展持续记录。在记录方法上，它既可采用时间取样法中的行为分类系统，又可将这种分类记录系统与对事件前因后果及环境背景等的描述性记录结合起来使用。

事件取样法具有实况详录法与时间取样法的某些优点，既可作预先的计划

---

[1] 裴娣娜．教育研究方法导论 [M]．合肥：安徽教育出版社，2000：191．

安排与准备，获取具有代表性的行为，又可在一定程度上保留行为的连续性与完整性，还可得到关于事件的环境与背景资料，运用广泛。

事件取样法的局限在于，由于记录没有时段限制，只要行为发生便进行记录，所以，可能出现在不同情景下所观察到的现象性质不同。即学生在不同的时间、地点发生的同类行为，可能有不同的含义。可见，在运用事件取样法时应注意记录与分析事件发生的背景。

（四）特性等级评定法

特性等级评定法是观察者根据研究目的，对观察对象进行多次的观察，然后用某种等级评定量表对所要研究的特性加以评定的方法。

这种方法不对每次观察到的具体事实加以描述或记录，而是在观察之后对观察对象的较为稳定的行为特性进行评价。用特性等级评定法可以对极为广泛的行为特性进行观察和评定。但对观察者的素质要求较高，易产生评价误差。

例如:对儿童做了半年的观察后，运用《儿童感觉统合能力发展评定量表》对儿童的行为进行评价。

量表举例：

表5-2　儿童感觉统合能力发展评定量表

儿童姓名　　　性别　　　　年龄　　　　出生时期　　　检查日期
填写方法：根据儿童的情况在"从不（5）、很少（4）、有时候（3）、常常（2）、总是如此（1）"上画圈。
……

（四）学习能力发展部分

	从不这样	很少这样	有时候	常常如此	总是如此
48.看起来有正常智慧，但学习阅读或做算术特别困难。	5	4	3	2	1
49.阅读常跳字，抄写常漏字、漏行，写字笔画常颠倒。	5	4	3	2	1
50.不专心，坐不住，上课常左右看。	5	4	3	2	1
51.用蜡笔着色或用笔写字写不好，写字慢而常超出格子外。	5	4	3	2	1
52.看书容易眼酸，特别害怕数学。	5	4	3	2	1
53.认字能力虽好却不知其意义，而且无法组成较长的语句。	5	4	3	2	1

54.混淆背景中的特殊图形，不易看出或认出。　　　　5 4 3 2 1

55.对老师的要求及作业无法有效完成，常有严重挫折。　5 4 3 2 1

......

（五）日记描述法

日记描述法，又称传记法，即对同一个或同一组观察对象进行长期、反复的观察，并以日记的形式描述性地记录他们的行为表现的方法。

日记描述法一般可分为两种类型：综合日记法和主题日记法。综合日记法主要记录观察对象在各方面发展中出现的新的行为现象；主题日记法是在研究目的的指导下，记录观察对象在某些特定方面的新进展。

日记描述法是对儿童研究的最古老的方法，常用于个案研究与生态学研究。最早使用这种方法的是瑞士教育家裴斯泰洛齐。它的优点是，在日常生活环境中进行的，获得的资料较真实可靠，方便易行，记录的时间长而详细，能了解儿童发展的确切次序和行为的连续性。

日记描述法的缺点是，常用于对个别（或少数）对象的日常观察，仅能说明少数观察对象的特点与情况，缺乏代表性，难以做出有意义的概括。这一方法要求观察者与观察对象之间具有较为密切的关系，能与之经常接触，观察者往往在观察记录中加入比较浓厚的感情色彩或主观偏向，致使记录的结果可能达不到客观、可靠。日记描述法需要耗费大量的时间与精力，很多人无法做到这一点。

（六）轶事记录法

轶事记录法是观察者把认为有价值的、反映观察对象行为或心理的各种表现记录下来的方法。

这种方法记录范围广泛，凡是观察者直接观测的现象都可以记录，而不仅限于记录典型的新行为。记录时要求尽量做到及时、准确、具体，在事件或行为刚发生时便及时记录，要把中心人物的行为、言谈，在场的其他人的活动以及背景、情景等均记录下来。用词准确，如实反映情况，不要加入主观臆测，注意行为发生的顺序性，力求客观、正确、完整。

轶事记录法是教师常用一种方法，可以帮助教师分析学生的成长和发展，了解学生的个性特征，探讨影响学生发展的因素，以便有针对性地进行教育。这种记录资料还可以长期保留下来，移交给以后的接任教师继续记录，为教师掌握学生的情况提供系统的资料。

但轶事记录法易受教师主观偏见的影响，且在轶事整理时因记忆误差而影响记录的客观性。

以下是一位教师对一个一年级学生的轶事记录[①]。

表5-3　轶事记录

日期：1980 年 9 月 11 日，儿童：班米拉

刚刚下课才一会儿，沙沙就尖叫起来。一条无毒的小蛇正在她桌上爬着。全班哗然，过了一阵总算安静下来了。班米拉用纸做了一个口袋，主动提出让他把蛇弄出去，我同意了。放学后我把班米拉留下，问是不是他在沙沙桌上放了蛇。他说："难道你也不喜欢蛇么？"我重复了一遍我的问题。他开始抽泣，嘴里不停地咕哝着关于喜欢不喜欢蛇的事，说是奇怪怎么会有人喜欢蛇，有人又不喜欢。等班米拉停止哭泣时，我告诉他，如果他想谈谈蛇的话，以后我可以找个时间专门和他讨论蛇。他点头说"好吧"，就离开了。

（解释：今天的行为对于班米拉来说，是一种异常行为。在我过去对他的印象中，他总是对同学们很友好，他与沙沙的关系尤其很不错，是不是可能由于他，实际上是想与沙沙共享这一令人惊喜的发现而这么做的呢？尽管他的这种愿望是不可能实现的。我很奇怪他在哪儿弄到了这条蛇。全班为此热闹了好一阵子。）

（七）频率计数图示法

频率计数图示法是在被观察的行为发生时计数其发生频率，再用图示将所收集到的行为频率显示出来。

---

①王坚红．学前儿童发展与教育科学研究法 [M]．北京：人民教育出版社，1991：85.

使用这一方法时，首先要精确地界定所要计数的行为，然后进入观察。对于行为的记录可以采用行为频率记录法，也可以使用行为持续时间记录法。如果记录行为的持续时间，比仅记录其频率更能说明问题，则可将频率计数图示法转化为持续时间记录图示法。（具体方法见第三节）

频率计数图示法对教师比较适用，可以帮助教师了解学生的情况，对学生的活动进行指导。但是，仅用此法得到的信息是有限的，很难深入地了解行为其他方面的信息。

（八）行为核对表法

行为核对表法，是观察者将规定观察的项目预先列出表格，在观察时，核对重要行为呈现与否，如果某项行为出现，就在与之相应的项目上做个记号。

行为核对表法可以用于许多情况，方便易行，节省时间，观察目的明确。但这种方法只能判断行为是否出现，不提供行为性质、背景等材料。因而，应根据观察的目的选择使用。

例如：对学生的课堂行为进行观察可采用行为核对表法。

表5-4 学生课堂行为核对表

学校：　　　　　年级：　　　　　班级：

学生姓名：　　　　科目：

行为表现	出现次数	持续时间
注意听讲		
举手回答问题		
举手提出问题		
做课堂练习		
做小动作		
看他人或别处		
与别人说话		
擅自离开座位		

记录者：　　日期：

第三节 教育观察研究法的实施与记录

一、实施教育观察研究法的一般程序

一般来说，观察法的实施应遵循以下程序：

（一）确定观察的目的

观察目的，就是确定为什么观察和要观察什么。一般来说，观察目的是由观察者的研究课题决定的。例如研究学生课堂行为的表现。观察的目的是了解学生课堂行为表现，为进一步研究提供资料。观察的内容包括学生注意听讲、举手回答问题、举手提出问题、做课堂练习、做小动作、看他人或别处、与他人讲话、擅自离开座位等一系列的行为。观察应进行多次，在每次观察前观察者都要明确观察的重点、方式，以保证观察的针对性。

（二）确定观察对象

这里应包括三方面的内容：一要确定观察的总体范围；二要确定观察的样本，具体观察哪些对象；三要确定观察的具体项目。例如，要研究某市新毕业的教师对岗位的适应情况。观察的范围是某市所有新毕业的教师；观察的样本是在该市随机抽取的一些学校的新毕业教师，确定出具体的教师名单。再确定出观察的时间、地点、具体项目等。

（三）选择观察的类型、方法和途径

观察的目的和对象确定以后，就要确定相应的观察类型和方法。如果观察者能够亲自到现场进行观察，可以采用直接观察法；不能到现场可以采用间接观察法。如果观察者想与观察对象有更深入的接触可以采用参与观察法；只想做旁观者可以采用非参与观察法。需要全面观察，可以采用实况详录法，只观察某一种或几种行为，可以采用时间取样法、事件取样法、行为核对表法，需要知道行为细节，可以采用实况详录法、日记描述法、轶事记录法等。无论采用哪一种观察类型和方法都需要选好可行的观察途径。

常用的观察途径一般有以下几种：

（1）参观。主要参观整个校园，包括教学楼、宿舍楼、食堂、体育馆、图书馆等，这主要是对整个学校有一个初步的、整体的了解。

（2）听课。听课可以了解教师的教学情况和学生的学习情况，以及师生关系情况。

（3）列席学校会议。如全校师生员工大会、教研组课题教学讨论会、学生集会等，这有利于了解整个学校的办学思想、学术水平和学术气氛以及学生的自我管理能力等。

（4）参加学校的各种集体活动。尤其是学生的实践类课程，这有利于了解学校的课程改革状况和学生的精神面貌等。

（四）准备观察手段

观察手段一般分为两种：一种是获得观察资料的手段；另一种是保存资料的手段。

获得观察资料除了做笔记外，还可以利用录音机、录像机、照相机、观察屏等仪器辅助观察。保存资料可以运用文字、图形等符号手段，还可以运用摄影、录音、录像等技术手段，把观察时瞬间发生的事、物、状况以永久的方式，准确、全面地记录下来，供研究过程中反复观察、分析资料时使用。

（五）制定观察步骤

观察研究怎样进行，观察的程序是什么，先观察什么，后观察什么，观察时间怎样安排、分配，要获取什么材料等问题在每次观察前都应做周密的计划。

（六）进行观察并作好记录

进行观察，首先要选择好观察的位置，保证观察全面、精确。其次，不能干扰观察对象的活动。如果是非参与观察，最好不让观察对象知道；如果是参与观察，就要与观察对象建立良好的关系。应注意不要干扰观察对象的活动或受观察对象的感染而影响观察的客观性。要按照观察的目的、方法科学地收集资料，边观察边记录，具体的记录方法在后面讲解。

（七）统计分析观察结果

观察结束后还要对观察所得的资料进行统计分析。统计分析的方法因观察的类型和记录资料的方式等因素的不同而有差异。一般来说，对运用非正式观察及其他类似的观察收集的资料，常进行定性分析；而正式观察收集的资料可以进行定量分析。

在统计分析的基础上，还要对观察研究的结果进行科学的推论，但要注意推论的程度和科学性。

（八）写出观察报告

最后，要将观察研究的结果写成观察报告，以便于进行交流和进一步研究。观察报告中不仅应写清观察对象的自然情况，还要写清观察过程中出现的现象，包括观察的背景、统计结果和推论。研究报告要尽量详细，为进一步研究或其他研究者的验证性研究提供丰富的资料。

二、观察记录方法

把观测到的事实客观地记录下来，是实施科学观察的一项必要工作。以下介绍几种常用的观察记录方法。

（一）连续记录法

观察记录法，是要求对被观察者的行为表现作非常详细的、不间断的记录的方法。

在运用实况详录观察法、事件取样观察法、轶事观察法进行观察时都可以用连续记录法记录下来。记录时既可用做笔记的方法当场连续记录，也可以配以录音机、录像机，将现场的情况录入录音机或录像机里，过后再作整理工作。

用做笔记的方法进行现场记录时，记录者必须对所观察到的现象进行全面、客观的描述。必要时也可以加入一些解释，但应注意将它与客观描述区分开来。下面是一段连续记录的实例：

表5—5　连续记录

观察对象：张小
年龄：10岁
观察地点：三年一班教室
时间：早上8:10—8:30

行为的客观描述	解释与说明
8:10—8:12 张小刚刚走进教室，他迟到了20分钟。他低着头，脸红红的，衣服上满是皱褶，一手拎着书包，一手抓着帽子。在老师的默许下，快速走到座位上坐好。	张小看起来非常羞涩和疲惫。显然，他为迟到的行为感到愧疚。
8:20—8:24 张小低着头，手里不停地摆弄着什么。老师提出问题，他猛然抬起头，满脸通红地站起来，结结巴巴地说："老师，我不会。"	张小的表现与平时不同，似乎并没有注意听讲。
8:28—8:30 从张小的座位方向突然传来一阵"嘀、嘀"声，张小迅速把手伸进书包掏出一个物品，低头看了一眼，突然"哇"地一声哭了起来。在老师的引导下，他站起来，边哭边说："老师，我爸的BP机落在我书包里了。早上，我去追他，可是没有赶上。现在，有人有急事找他，我怎么办呢？"	张小看上去非常着急，且不知所措。一方面为再一次打扰老师上课感到愧疚，另一方面害怕耽误父亲的事情，非常希望得到老师的理解和帮助。

（二）频率记录法

频率记录法是在一段时间内将所观察行为出现的频率记录下来的方法。

在时间取样观察法、频率计数图示法中，都使用频率记录法记录行为的出现频率。

实施频率记录法要求预先规定所要观察行为的详细操作定义及行为分类系统，并制定好记录表格。按照分类标准进行现场观察，当观察到相应的行为时记入表内。记录时常把观察时间分为若干时段，在每一时段中记录某种行为类型（为简便快速起见常用代号），观察工作结束后，可根据从各时段中累计的各类行为频率加以分析。下面举例说明。

表5-6 学前班儿童早晨进入教室后的反应

时间：7:10—7:40 活动：早自习

行为类型：

（一）对环境的一般反应

1.乐意进入教室。

2.勉强进入教室。

3.拒绝进入教室。

（二）对别人的一般反应

4.主动寻求与同学的接触。

5.主动寻求与教师的接触。

6.避免或中断与同学接触。

7.避免或中断与教师接触。

8.勉强与同学接触，接触缺乏动机或注意力分散。

9.勉强与教师接触，接触中缺乏动机或注意力分散。

（三）对学习的一般反应

10.主动开始学习。

11.在教师或同学的提醒下学习。

12.不学习。

学生	记录时段									
学号	1	2	3	4	5	6	7	8	9	10
1										
2										
3										
4										
5										

（注：每3分钟为一个时段，把观测到的行为类型的代码1—12填入格中）

（三）等级记录法

等级记录法是观察者把观察到的现象记录在预先制定好的等级评定量表中的方法。

等级记录法常用在特性等级评定法中。评定时要根据多次观察得到的综合印象尽量客观、全面。为克服评定误差，可以选择多个有经验的观察者同时对一个观察对象进行评定，采用其平均值来确定等级。

（四）符号记录法

符号记录法是用预先规定好的符号，对所观察的行为和现象进行记录的方法。

在对某种活动或事件进行连续观察、记录时，如果涉及到的对象多，用言语记录比较困难，可以用预先规定好的符号系统进行记录，迅速方便，一目了然。

在运用符号记录法时，应先分析可能观察到的行为，对这些行为进行分类并设计好不同的符号。使用时，应配有符号说明表，以免当时遗忘或用错符号。

例如记录学生对教师提问的反应。

表5-7　学生对教师提问的反应符号系统

符号	行为或反应类型
△	教师提问，学生没有举手。
▲	教师提问，学生举手。
○	学生举手，并被教师提问，回答错误。
◎	学生举手，并被教师提问，回答一般。
●	学生举手，并被教师提问，回答很好。
☆	学生没有举手，但被教师提问，回答错误。
◇	学生没有举手，但被教师提问，回答一般。
★	学生没有举手，但被教师提问，回答很好。
※	学生主动举手，向教师提出问题。

运用符号系统，将观察到的行为记入表（5-8）中。

表5-8　学生对教师提问的反应

学号＼时间	1	2	3	4	5	6	7	8	9	10	11	12	13	14	15
1															
2															
3															
4															
5															

（五）现代观察记录手段

随着现代科学技术的发展，观察记录的手段也从单纯地观察做笔记，发展到了运用录音、录像、照相、电子计算机等现代设备与技术进行观测。在李秉德主编的《教育科学研究方法》一书中，介绍了以下几种现代观察技术与记录手段：

1. 重点跟踪观察：利用摄影机、录像机镜头的推、拉、摇、移、跟、变焦等多种运动方式以及远景、全景、中景、近景、特写等手段来跟踪观察对象。

2. 非临场遥控观察：为避免观察者在场效应，可采用遥控摄影手段，如把一台广角镜头相机固定在教室一角，能很快拍下照片而不让观察对象察觉。再如利用遥控变焦摄像镜头和遥控台，能有效跟踪观察或作局部观察而不被察觉。

3. 多场面对比性观察：在同一电视画面中显示分割画面，即把用不同摄像机在不同地方摄下的情景，利用电视特技发生器出现在同一屏幕上。可对两个或四个不同位置上发生的行为作对比性观察。

4. 搜索性观察：对照片、录像、影片反复播放观察，使已拍下的行为过程重新出现，以便重复地观察，有助于发现规律，不致遗漏细节。现代电视放像技术，如慢动作放映、定格放映，快速前进、倒进搜索图像等，可将每一行为的局部表现作精细的分析。

利用现代设备与技术，可记录各种有价值的资料。如瞬时静态资料（照片、幻灯等），复制有用的资料（文字、图形等供反复使用），动态过程资料（电影、电视录像片），语言资料（录音）以及数据资料（用电子计算机程序输入存贮并处理分析）。

思考题：

1. 什么是教育观察研究法？它有哪些特点？

2. 教育观察有哪些步骤？应注意哪些问题？

3. 教育观察有哪些记录方法？

4. 请以"学生在课堂上注意听课的表现"为题，设计一个观察计划，并到附近中小学去实施观察，写一份观察报告。

第六章　教育调查研究法

作为一名教师，职业意识和责任感常常会使我们产生一种强烈的愿望：希望了解自己的教育对象在学习、生活、身心发展等诸多方面的情况；了解家长对自己教育教学情况的反映。当我们看到某位同学情绪异常时，或许还会找他谈话，了解在他身上究竟发生了什么，以便为他提供切实的帮助。以上我们想要做的，实际上就是进行调查，以便发现问题，改进教育实践，这就是本章要讲的调查研究。

第一节　教育调查研究法概述

调查研究，作为了解事实、收集第一手资料的手段，已被广泛地运用于社会各个领域，而其中尤以教育活动中的调查研究最为活跃，最有成效。

一、教育调查研究法概述

教育调查研究法是在教育理论指导下，研究者为了深入了解教育实际、弄清事实、发现存在问题、探索教育规律，通过运用观察、列表、问卷、访谈、个案研究以及测验等科学方式，搜集教育问题的资料，从而对教育的现状做出科学的分析认识并提出具体工作建议的一整套有目的、有计划、系统的研究方法。它区别于一般的社会调查，而是以当前教育问题为研究对象，是为了认识某种教育现象、过程或解决某个实际问题而进行的有目的有计划的实地考察活动。它有一套研究的方法和工作程序，有一套搜集、处理资料的技术手段，并以调查报告（含现状分析、理论结论和实际建议）作为研究成果的表现形式。

教育调查研究法的作用是：①为教育科学研究人员提供既定研究课题的第

一手材料和数据；②为教育行政部门制订教育政策、教育规划、教育改革提供事实依据；③明了教育的现状，发现新的研究课题、先进的教育经验或教育上存在着的问题，并提出解决问题的新见解、新理论，从而推进教育事业与教育科学的发展。

我国目前正处在一场伟大变革的关键时期，为适应社会主义市场经济发展的需要，教育内部体制必须进行根本的改造，从而带来了各种新的问题、新的矛盾。只有通过调查研究，摸清情况，才能明确方向，避免在政策制定上的失误以及在工作上的盲目性。

二、教育调查研究的种类

1. 依据调查的目的可以分为两类。一类是常模调查，其目的在于了解教育的一般情况或寻找一般数据，如高师院校历届毕业生在中学服务的情况或高师毕业生在中学教师中的比例等。另一类是比较调查，旨在比较两个群体、地区或两个时期的教育情况，如甲地区与乙地区初等教育质量的调查、"九五"计划的前一年与最后一年中小学师资质量的调查等。

2. 依据调查内容的性质，教育调查可以分为事实调查和征询意见调查两种。前者要求调查对象提供现成的事实或数据，如小学教师学历水平的比例；后者要求调查对象提出自己对某个问题的看法和意见，如对改革中等教育结构的看法和建议。

3. 依据调查范围大小、事项多寡，又可分为综合调查和专题调查两种。调查范围可大可小，大则包括全国或出国考察，小可以限于一班一校、一人一事。调查的事项可多可少，调查事多的，为综合调查或称一般性调查，如某省、市教育情况的调查。它涉及到全省、市教育各个方面的问题，包括学前教育、普通中小学教育、高等教育、师范教育、职业教育、业余教育、社会教育等各个领域的问题。调查事项少的为专题调查，仅就某地区教育的某个方面的问题进行调查，如学校行政组织的调查、教职员的调查、课程的调查、教材或教学法的调查、教育经费的调查、学生的学习、健康及课外活动的调查等。

4. 依据调查对象则可以分为全面调查和非全面调查两种。全面调查亦称普遍调查，即对调查对象全部加以调查，如高师毕业生在中学服务情况的调查。调查对象是分布在全国、全省的所有中学，需要逐一进行调查才能得到准确的总体的概念。其优点在于可以了解全面情况，缺点是往往要花很大的人力物力。为节省人力、财力和时间，通常是从调查对象的总体中抽选一部分有代表性的对象作为样本进行调查，这种调查就是非全面调查。

非全面调查有三种：①随机抽样调查。它是从总体的全部单位（个体）中用随机取样法抽取一部分单位进行调查，并根据调查结果来推断或说明总体。②重点调查。它是从调查对象总体选出一部分重点单位作为样本进行调查，借以了解总体全部的基本情况。所谓"重点"单位是指在总体中占很大比重或者对总体的发展起着重大作用的单位。重点单位仅相对于一般单位而言。③典型调查。它是从总体中选择一部分具有代表性的单位进行深入的调查。

三、运用教育调查研究法应注意的事项

调查人员往往是帮助决策机关出主意、提供决策根据的参谋人员。调查结果关系重大，因此调查人员除了要有高尚品格和负责精神以外，还要注意如下几点：

1. 要甘当学生，虚心求教

调查求知，犹如求学，要肯拜人为师。在调查过程中调查对象往往会存在种种的思想顾虑，不敢讲真话。这时调查人员要诚恳地向他们解释说明，解除他们的顾虑，他们才会把真实情况告诉你，把心里话说给你听。调查人员若自以为是或以"钦差大臣"自居，他会敬而远之，你就会一无所得，或者只能听到一些空话，看到一些假象。

2. 要忠于事实，不带框框

科学的调查研究，探索规律，要讲究真实，讲究准确，不能有丝毫的偏见。有的人带着框框去调查，他们下去调查是为自己的观点或结论找证明材料。教育现象纷繁复杂，带着主观的框框，往往也能找到符合它的个别例子或某些材

料，但这些例子或材料除了用来证明预先做出的结论外，毫无用处。

3. 要深入，不要浮在表面

浮于表面的调查，听听少数人的汇报，远远地看一看表面现象，以为这也是亲自调查的第一手材料，而不问环境的情况，不看事情的整体、全部历史和现状，不看这一事情与其他事情的内部联系，是不能揭露事物的本质，从而找到规律的。

4. 要有数量观念

调查人员对情况和问题一定要注意到它的数量关系，要有基本的数量分析。任何质量都表现为一定的数量，没有数量也就没有质量。搞教育调查，只有注意事物的数量方面，注意基本的统计、主要的百分比，注意事物的质量界限，才能得出科学的结论，才有说服力。

第二节 教育调查研究法的一般步骤及主要方法

一、教育调查研究的一般步骤

教育调查是一种有目的有计划的活动，需要有严格的工作程序。就调查过程的顺序而言，大致可以分为四个步骤。

（一）调查前的准备工作

调查前的准备工作是搞好调查研究的基础和前提。在某种意义上说，调查工作成功与否，取决于调查前的准备工作是否完善。调查人员无论是个人或集体，都要做好调查前的准备工作。它包括：

1. 确定调查课题

选择什么样的课题进行调查，是我们在调查研究中首先遇到的问题。一般情况下，课题的选择不要太大，涉及的范围不要太广，要根据自己的需要和能力确定课题。在确定课题时还要考虑课题本身的科学价值和实际意义。不要为没有价值和实际意义的课题去浪费时间。调查课题的选择必须遵循三个原则。

其一，目的性原则。开展教育调查，要花时间、人力和财力，有时需要动员各方面的人员参加。所以，每次调查要达到什么目的、回答和解决什么问题，事前都要有明确的规定。目的不明确或者毫无目的的调查会造成极大的浪费，应当避免。

其二，价值性原则。任何调查课题都应以是否能丰富和发展教育科学理论、解决实际问题为原则，即要考虑调查课题的科学价值和实际意义。如果用其他研究方法可以解决的课题就不一定要用调查法，尤其是规模较大的调查工作，如出国考察、跨省调查，更要强调科学价值。

其三，量力性原则。这是指调查课题和调查范围的大小要视参加调查的人力物力条件而定。调查课题越大，范围越广，所需要的人力和费用越多，时间越长。在一般情况下，课题不宜太大，既要看需要，也要看可能，不能不顾主客观条件，搞形式主义的所谓调查。

2. 选取调查对象

调查对象就是被调查的单位或个人。当调查课题确定好以后，实际上调查目的、任务也就基本确定，接下来就是选择调查对象。调查资料主要来源于调查对象，所以调查对象的选择是否恰当，将直接影响到调查结果。调查对象应视调查课题和调查目的加以选取，不同的调查课题和目的，要用不同的方法去选取调查对象。有的课题的调查对象是固定的，如某特级教师教学经验的调查，这类调查对象是不需要进行选择的。有的课题的调查对象会有许多，我们无法逐一进行调查，这就需要用抽样的方法去选取调查对象。如学生学习负担的调查，我们不可能对所有的学生进行调查，只能采取抽样的方法选取学生中的部分作为调查对象。

3. 拟订调查

提纲调查提纲，就是调查的项目。调查提纲是收集资料的依据。有了提纲，才可能有序地进行工作，避免顾此失彼。调查提纲实际上是调查报告的梗概，其内容必须符合调查课题的需要。在调查过程中，调查提纲往往要修改好几次，有时要增添原先没有的项目，有时要取消其实可以不要的项目。这就需要在调查过程中对调查提纲作必要的增删和修改。调查提纲列好以后，还要根据提纲的要求设计适当的调查表、问卷、测验题目等。

4. 制定调查

计划调查计划是调查工作的程序安排，一般应包括如下内容：①调查课题和目的；②调查对象及范围；③调查地点及时间；④调查的方式方法；⑤调查步骤及日程安排；⑥调查的组织领导及人员分工；⑦调查报告完成的日期。调查计划的制定要切合实际，尽可能详细、周密。当计划与实际有矛盾时，要善于根据调查课题的要求，修改计划。

另外，在确定调查提纲和安排调查工作程序时要考虑三方面的问题：一是调查项目能否有效地反映所要研究的问题，项目的构成是否合理简便；二是对项目如何进行比较科学的分类，大项目如何分解成若干具体的小项目并形成较完善的可操作的调查提纲；三是如何制定与分类标准相适应的评价标准，以便对获得的资料能进行统计处理。

5. 调查工作的组织领导

调查工作若是由个人来进行的，就无所谓组织领导的问题。如果是由少数几个志同道合的人来进行的，也只要推选一个召集人就行。这里的所谓调查工作的组织领导，是指规模较大的教育调查组或调查团的组织领导。主要包括如下三方面的内容：

首先是根据调查课题的要求，选择和分配合适的调查人员。一般来说，调查人员要符合三个基本条件：①熟悉调查课题的有关业务知识；②具有一定的独立研究能力；③有高度的工作责任感，善于克服调查工作中可能遇到的困难。

其次是调查组内部的组织领导。调查组是一个工作集体，调查人员选定之后，必须从中指定一至二名具有调查工作经验和组织指挥能力的人担任调查组（团）的负责人，指挥全盘工作。调查组（团）的其他人员也要有明确的分工，各司其职。调查组的负责人应组织全体成员学习有关文件和资料，以统一认识、统一计划、统一步调和方法。调查组还要有一定的纪律和制度，如汇报制度、会议制度等。

再次是调查组以外的组织领导，主要是要争取被调查单位或个人及有关党、政领导的支持和合作。调查前应派人或写信与调查对象联系，取得他们同意。

以上五项工作都是调查工作的第一步，只有做好调查前的各项准备工作，方可进入调查工作的第二步。

（二）开展调查，收集资料

收集资料是调查的关键。一般来说调查资料有两大类：一类是书面资料，如教科书、教师教案、学生作业、学校工作总结、计划、教育行政部门的档案、报刊上发表的有关文章等。一类是来自调查对象的口述的资料以及由调查者观察所得的教育现象的事实材料等。收集资料要力求全面、系统，要注意资料的典型性、客观性和真实性。口头材料，尤其是对于某种教育现象的评判材料，往往要受评判者的立场、观点、情感、好恶、亲疏的影响而产生片面性。这种片面性就是材料的误差。这种误差即使是书面材料有时也不可避免。调查者要善于辨别材料的真伪，做到实事求是。

（三）整理资料

用各种方法搜集得来的资料，必须加以整理，使之系统化。整理资料的方法，通常是按资料的性质分为两大类：一为叙述的材料，一为数量的材料。叙述的材料，要用明白流畅的文字加以整理；数量的材料，则要用统计法、表列法和图示法等加以整理。

（四）撰写调查报告

调查的材料整理完以后，应当对调查事实进行分析和讨论，在此基础上，做出结论，提出建议。作结论是综述现在的实际情况，要准确、突出概括性；提建议是筹划将来的发展，要从实际出发，中肯可行，并写成文字报告。至此，调查研究的全部过程结束。

二、教育调查研究的主要方法

教育调查有各种方法，或者由调查人员直接访问、观察、记号；或者发给调查表，由被调查者填写；或者由调查人员施行测验；或者查阅档案文件及统计资料。应视实际需要选择最佳方法。根据调查时收集资料的方式不同，我们着重介绍教育调查中常用的几种主要方法：开会调查、填表调查、问卷调查、访谈调查、查阅资料。

（一）开会调查

开会调查，就是通过召开座谈会进行调查。它是在小范围内，通过与少数人的谈话来了解情况、收集资料的一种调查研究的方法。它是教育调查中最普遍使用的一种了解情况、搜集资料的方法。

开调查会有很多优点。与会者人多，可以集思广益，互相启发，彼此印证。调查者可以根据众人提供的线索，顺藤摸瓜，一问到底，直到弄清事实真相为止。

开调查会也有不足之处。如果与会者受人事关系的影响，他们就会知而不言，言而不尽。如果与会者是由什么人指定的，他们的发言就可能有较大的倾向性。另一方面，如果与会者事先无充分准备，加之各人看问题的角度和方法不同，那么他们所提供的材料，就难免会产生遗漏、误差甚至错误。所以调查者要有较高的洞察力，善于发现问题，提出问题跟与会者展开讨论，或者会后用其他方法作进一步的调查，以补充开调查会之不足。

通过召开座谈会进行调查，需要注意下面几个问题：

其一，到会的人必须是与调查课题有关的人员。调查某个问题时，和那个问题无关的人员不必在座。要尽可能避免因领导或专人指定带来倾向性、暗示性，尽可能避免人事关系对与会者的影响。

其二，参加座谈会的人，每次数量不宜太多，3～5个、7～8个即够。人数不多大家都有发言的机会，可以畅所欲言，互为补充和印证。究竟需要多少人，这要根据调查会的要求和调查者的指挥能力而定。

其三，调查者要事先拟定好详细的调查提纲，并尽可能事先发给每一位与会者，请他们事先做好准备。事前还要约定好开会的地点和时间。

其四，调查者必须讲清楚开调查会的目的，采取谦虚的、同志式的态度，争取与会者的合作。

其五，调查者要按照提纲一一发问，也可以根据调查课题的需要临时提出提纲上没有的问题，请与会者作答。调查者要自己记录或者指定专人记录。

（二）填表调查

调查表是调查研究工作中用以对调查对象进行调查登记、并列有一系列调查项目的表格。如"学龄儿童人数调查表"、"高中毕业生就业情况调查表"等。填表调查，就是由调查者根据调查的内容设定调查表（如表6-1、表6-2）、请调查对象如实填写的一种调查研究的方法。填调查表和发问卷一样，都是调查人员用书面或通信形式收集资料的一种手段。二者的区别在于：调查表偏重于事实及数字的材料收集，而问卷则偏重于意见的征询。

调查表有"单一表"和"一览表"两种。"单一表"是在一张调查表上只登记一个调查事项的情况，如表6-1。"一览表"是在一张调查表上登记若干调查事项的情况，如表6-2。

表6-1　　　　　　市　　　　　小学专任教师学历调查表

调查对象	调查的教师数	高等学校本科毕业及以上		高等学校肄业及专科毕业		中等学校毕业及以下	
		人数	占调查教师（%）	人数	占调查教师（%）	人数	占调查教师（%）

表6-2　　　　　　学校教职员基本情况调查表

姓　　名		性别		年龄		民族	
籍　　贯							
学　　历							
政治面貌							
参加工作时间							
特　　长							
体质状况							

教龄	解放前	小学						
		中学						
	解放后	小学						
		中学						
	总　计							
担任科目								
每周授课时数								
校内外兼职数								
其　他								
备　注								

编制调查表要符合以下要求：

（1）调查表的标题应简明醒目，让人一目了然。

（2）调查表的大小须能容纳所有调查项目，并便于携带和保管。

（3）调查表中的调查项目要有系统的排列，表述清晰，每一项要留有足够的填写答案的空白。

（4）为防止答案不确实，宜有相互参证的调查项目。比如表6-1中，既有本科、专科、中等学校三个不同学历层次的教师数量的调查，又有被调查教师的总数的调查，以便前后参照。

（5）表尾应注明调查单位，并留有书写调查员及填表者姓名和填写日期的空当。

（6）调查表应附有"填表说明"。首先，应说明调查的目的和重要意义，以解除被调查者的怀疑，争取被调查者的协作和配合；其次，要说明填表要求、有关指标的计算方法及填表时应注意事项等。

（三）查阅资料

查阅资料，是调查者通过查阅书面资料来获得信息、掌握情况的一种调查研究的方法。如常用字句的研究、错别字的研究、儿童绘画能力发展水平的研究等都要用这种研究方法。可查阅的材料一般包括：档案、文件、经验总结、汇报资料、统计数字等。在教育科学研究中，通常包括以下几个方面的资料：①教育工作情况的资料，如总结、工作计划等。②教学工作的资料，如教师的教学计划、总结、工作日志等。③学生方面的资料，如笔记本、练习本、作业本、试卷、班级日志、个人日记，成绩等。

调查研究中，除了以上介绍的几种方法，我们还可用观察、测验等手段来收集资料。无论采用哪一种方法，都应该强调调查者对自身主观意向的有效控制，采取积极措施，力求获取第一手的真实的调查资料。

关于问卷调查和访谈调查，我们将在后面两节重点加以介绍。

第三节 问卷调查

问卷调查是调查者用书面或通信形式收集资料的一种手段，是由研究者设计、邮寄或交给被调查对象填写"问题表格"的一种研究方法。它是把要研究的主题分为详细的纲目，拟成简明易答的一系列问题，编制成标准化的问卷，分发或邮寄给有关人员，请求填写答案，然后根据收回的答案，进行统计处理，从而得出结论。发问卷和访问的区别在于前者是笔述，后者是口述。

问卷法不如观察法了解行为反应那样具体细致，也不如实验法控制条件那么严密，揭示自变量和因变量之间因果关系那么透彻，但是，它却可以获得多因素资料，取样大，代表性强，能够在较短的时间内，获得较多的资料。它更适合在大面积范围内使用，具有适用面广、信息量大的特点。另外，问卷方法简便，时间经济（就调查者而言），材料也比较容易整理和统计。有时，用无记名形式问卷可以获得面谈法或开调查会不容易获得的某种有价值的资料。

问卷法也有它的局限性。首先是发出的问卷常常无法全部收回，如果收回的问卷太少，就会影响到所取得的材料的代表性。其次是既成事实或个人意见，真或伪，往往无法区分或核实，根据问卷所得的结论常常不能作为最后的定论。为了提高问卷的信度和效度，须注意如下两点：

其一，要下工夫编制好问卷。问卷内容要简明，不得含糊其词；问卷数量要适度，不得过多，也不能太少。既要考虑调查者的需要，也要考虑回答者是否可能回答。问卷编制好以后，最好先作小规模的尝试性调查，发现问题，及时修改，然后再分发。问卷须整洁，最好铅印或油印。题后需留有相当位置让回答者填写答案。

其二，分发问卷需附信或在卷首说明调查的目的、意义及对回答者的具体要求。一般要寄双份问卷（一份寄回调查者，一份回答者自留）。收到问卷后应回复一封致谢信。分发问卷的时间应是答者便于回答的时间，如最好不要在假期或复习考试期间分发问卷。

问卷根据其内容和目的大致可以分为事实的调查和个人反应的调查。前者要求调查对象回答确实知道的既成事实。这一类问卷只要所问项目是被调查对象确实知道，并且愿意回答的，其准确性就不成问题。后者要求调查对象回答的是心理事实，诸如个人意见、信仰、好恶、判断、取舍、态度等。这类问卷主观性强，信度和效度较低。

一、问卷设计的原理与步骤

（一）问卷设计的原理

教育现象和心理现象是复杂多样的，但是它们都是通过教育行为和心理行为，通过某些特定的现实生活情境或方面来表现的。离开了具体的生活情境，这些现象就无法捕捉和研究。设计问卷时，就是要把这些现实生活方面，通过其中一些具体问题表现出来。实质上，问卷设计的过程就是将调查的目的具体化的过程，进而达到操作化的过程。这个思路体现了问卷设计的一般原理。它可用下列模式来说明：

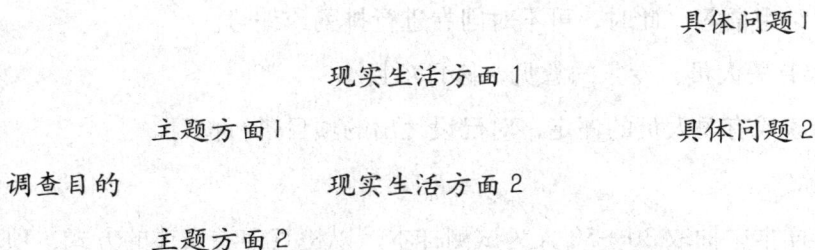

```
                                        具体问题1
              现实生活方面1
      主题方面1                          具体问题2
  调查目的        现实生活方面2
      主题方面2
```

下面以张伯源设计的"A型性格问卷"为例，来具体说明上述的设计思想：

"A 型性格问卷"调查的目的在于研究某种性格与冠心病的发病关系。经过研究它主要表现在两个主题上：时间紧迫感和竞赛性。这两个主题主要通过现实生活中的工作、生活、娱乐、自我感觉、对待别人的行为态度等方面表现出来。而这些方面又通过现实生活中的一些具体问题得以体现。如：

即使没有什么要紧的事，我走路也很快。（日常生活方面）

我经常感到应该做的事太多。（自我感受方面）

就是逛公园、赏花、观鱼，我也是先看完，等着同来的人。（娱乐方面）

类似这样操作化了的问题，按所要调查研究的逻辑顺序和问卷结构的要求，经编排，就构成了问卷。

（二）问卷设计的步骤

问卷的设计过程是研究者根据调查研究的目的和需要，编写问题和形成问卷的过程，一般包括以下几个步骤：

1. 明确研究目的。

根据研究目的和假设范围收集所需资料，并确定调查对象。这是问卷设计的最初步骤。问卷设计之初，往往不清楚从什么具体问题入手来设计问题，这就需要根据研究的目的或假设以及有关理论，收集有关资料，确定问卷设计的指标体系。

2. 列出问卷调查所需研究问题的纲要，确定所要搜集的信息和问卷类型。

3. 围绕主题草拟问题，列出标题和各部分具体项目。

根据研究目的和指标体系列出问卷的题目和其他结构的具体内容，如指导语、问题、结束语等。此时，可不对问卷进行排列或编号。

4. 征求有关人员、专家的意见，修订项目。

通过专家或有关人员的评定，对已设计出的项目进行修订。

5. 试测。

从总体样本中抽取 30—50 人为试测样本，以检查问卷表述的方式、项目、内容能否被受试者所理解，并求出信度、效度。

6. 再修订。

根据试测结果，对项目内容、排列方式加以改进，然后打印。

7. 按合理的顺序排序与编号。

至此，问卷的编制工作完成，可以按计划发放问卷，进行正式调查。

下面以中国社会科学院社会心理研究所几位学者进行的"关于大学生学习动机"的调查研究为例，说明问卷的编制过程。

该调查研究的目的：了解当前大学生学习动机的现状及其影响因素，研究其发展变化的心理规律，以培养和激发大学生学习动机，调动学习积极性，提高学习的心理效益和社会效益。

取样：为保证样本的代表性，该调查从全国各地的综合大学、工、农、医、师、民族、部队各类院校中抽取 11 所大学，1679 名来自不同专业、不同年级、不同性别的大学生。

该调查研究的问题：①大学生学习动机特点，包括总体层次特点、具体内容特点、系科特点、年级特点和性别特点等；②大学生学习动机的影响因素，广泛涉及内外部因素及动机本身因素；③大学生学习动机的培养和激发。

调查形式：封闭式问卷调查。

按照研究目的、问题以及所掌握的初步材料，根据小范围座谈会搜集的有关材料，整理出大学生学习动机的几个层次．具体包括：①奉献；②作为；③完善；④充实；⑤丰富；⑥社会提高；⑦社会相符；⑧性爱与生活；⑨社会安全。每个层次又具体分为若干个项目，每个项目内容尽可能选用访谈搜集的原始材料。如"奉献"层次，列举六项："努力学习才无愧于时代的要求"，"以知识为人类造福，才能实现大学生的价值"，"学习是为了对人类进步有所贡献"，"作为一个大学生，就应该为振兴中华、实现四化而学习"，"努力学习，为祖国争光"，"实现共产主义理想，是我们学习的最终目的"。

在以上工作基础上着手设计问卷，然后在小范围内试查。将试查结果进行分析整理，找出主要项目，合并相近项目，对问卷项目进行修订，最后形成

35 个题目的问卷，以测查大学生的学习动机。

从这一事例说明，问卷的编制过程实质是一个科学研究过程，需要提出科学假设，需要科学理论的指导，需要对问卷题目的信度、效度进行认真的考察。

二、问卷的结构和问题的内容

（一）问卷的结构

一份完整的问卷，一般包括标题、前言、指导语、问题、选择答案、结束语这几部分。

1．标题

如同一部著作或一篇文章一样，任何一份问卷都应该有一个标题。问卷的标题是被调查者首先看到和阅读的部分，它说明了要调查的方面和主题，是调查内容高度、简洁而概括的反映，它既要与研究内容一致，又要注意对被调查者的影响。标题的设计虽不复杂，但十分重要，它可以引起被调查者的第一印象和态度，从而影响到被调查者回答倾向性，决定着合作的程度。

标题的设计一般有几方面的要求：第一，题目要与调查的目的相符。题目是问卷的主题，被调查者先阅读到，如果二者不符，会引起回答者的茫然；第二，题目不要给被调查者不良的心理刺激，否则会影响被调查者的行为；第三，题目不要含有暗示的成分，否则，会影响到人回答的倾向性。

下面是对大学生现状，调查的一组题目设计：

①大学生政治倾向摸底调查

②大学生政治思想状况调查

③大学生一般情况调查

对于以上三个题目，第一个作为问卷的题目不太适合，原因是大学生对于政治倾向有一种特殊的敏感，况且还是摸底调查，给人心理上造成不良的影响，容易使人产生心理顾虑。第二、第三个题目我们均可选择，特别是第三个，因为它们没有令人感到刺激的话，不至于引起人们的反感。另外，题目中最好不要掺与暗示成分或个人偏见，如"低能儿童心理障碍的调查"，这样的题目往往会影响人们的反映倾向，引起人们的反感。

由此可见，题目的设计与调查的目的相符，并不是把真实的目的全盘托出，而是使被调查者尽量真实地回答将要提出的问题。在题目设计中，单纯地考虑其反应目的和内容的确切性是不够的，还必须考虑对被调查者感情方面的影响。鉴于这个原因，有的设计者故意将题目设计得不十分明确，以便使被调查者更好地合作。

2. 前言

是对调查目的、内容的扼要说明，以引起被调查对象回答问题的热情，消除顾虑，合作愉快。

3. 指导语

指导语也就是说明信，是一封致被调查者的简短的信。主要用来指导被调查者如何填写问卷、注意事项，有时还附有例题，以帮助被试者理解填写问卷的方法与要求。指导语要简洁、明了，用词恰当，便于理解。指导语一般在问卷的卷首，起着沟通研究者与被研究者媒介的作用。因此，指导语的质量直接关系到问卷调查的质量。

指导语一般由5部分组成：①称谓：对研究对象的称呼；②调查的目的和意义：说明该项调查研究的目的和该项调查研究的重要性，以唤起被调查者的重视，使他乐于合作。调查的意义一般是深远和普遍的，不要使被调查者以为调查结果会起立竿见影的作用或对他有直接的影响；③调查与被调查者自身的利益关系：问卷中可能会有敏感性的问题，容易使被调查者产生心理顾虑，因而在指导语的设计中要有匿名保证，以消除被调查者的心理顾虑；④说明回答的原则、具体要求及对某些问题的解释，目的是使被调查者按特定的要求答卷；⑤注明研究者的单位、联系地址和电话号码。目的是欢迎被调查者对调查本身或调查问卷提出意见，反映自己的要求和意见。这样做更可以显示调查者的认真负责与值得信赖的态度。

指导语的设计要遵循下列几个原则：

教育科学研究方法指导

（1）指导语要说明调查的意义和价值，激起被调查者的责任感和积极性，以便被调查者积极、主动地配合调查者获得真实的信息。

（2）指导语的语言要诚挚、热情、恳切，使读者读来亲切，缩短调查者与被调查者的心理距离，给被调查者留下良好的"第一印象"。

（3）指导语应指明利害关系，说明真正用意，以消除被研究者的戒备心理和抵触情绪。特别是涉及一些不敢直言或公开，与政治、大众看法不一致的观点或是一些私生活问题，要说明负责保密，以提高答卷的真实性。

（4）指导语在文字表述上应力求简练扼要、表达明确，在表述清楚的前提下，尽量短小精悍，不冗长乏味。否则，使人生厌。如果采用邮寄方式，还需写明最迟寄回的日期。

下面是一例问卷的指导语：

例：大学生学习与生活状况调查问卷

大学生朋友们，您好！

您来大学学习、生活几年，一定有很多感触。学校尽管尽了很大的努力为同学的学习和生活提供帮助，但仍有许多亟待解决的问题。为了同学们今后很好地生活和学习，我们请您协助这次调查。答卷时，不必写姓名，也不要有什么顾虑。希望您能按要求画"√"来说明您的选择。我们迫切地希望得到您的支持和帮助。谢谢！

中国社会科学院
当代大学生状况调查组
电话：(010) 29516888
1998.5.10

4．问题与选择答案

这是问卷的主要部分。问题是表达问卷的核心内容，问题的设计要具体、清楚、客观、可操作、通俗易懂，而且应是被调查对象熟悉的。问题有开放式和封闭式两种，开放式只提问题不提供答案，被调查对象可以根据题意自由作

·74·

答。封闭式不仅要提出问题，而且还要提供答案。封闭式问题所提供的答案要准确，要符合实际，便于被调查者进行选择。

关于问题设计等方面将在后面的部分详细介绍。

5．结束语

这是问卷的最后一部分，一般包括两个方面的内容：①提出几个开放式问题，由被调查者自由回答，或者由被调查者提出意见；②表示谢意。结束语根据问卷的需要可以有也可以无。（一份完整的调查问卷的结构请见案例一《中小学生自我意识发展调查问卷》）

（二）问卷问题的内容

就问卷中问题的内容而言，一般来说，有下面三个方面：

1．基本资料

这一部分问题是收集答卷人基本情况的，包括性别、年龄、民族、文化程度、职业、婚姻状况、家庭成员和住址等，一般不要求答卷人写出姓名。在问卷中之所以要设计这些问题，是因为几乎每项研究都涉及人们在性别、年龄、文化程度等方面的差异，一般来说，调查者在进行问卷调查时，总要根据需要收集一些基本情况，以便统计分析。

2．行为资料

这一部分问题是专门向答卷者收集已发生的行为事实或事件发生的经过。这些行为或事件，有的是答卷者本人的，有的是他人的。总之，答卷者是知情人，要求他实事求是地回答清楚，以便了解事实。

例如：你的孩子有下列哪些表现？

①多动 ②口吃 ③执拗 ④好怒

3．态度资料

这一部分问题是搜集答卷人对某些问题的观点、看法、态度、兴趣爱好、意志、性格等评价项目，如学生的学习目的、理想、兴趣等。它具体分为意见问题和态度问题两种。第一种是意见问题，它属于对事物表面的和暂时性的看法。这类问题仅是想了解被调查者对某些事物或行为的评判。它可以是一次性的，过后情况就变了。

例如：你对目前的教学条件满意吗?

①很满意　②满意　③无所谓　④不满意　⑤很不满意

第二种是态度问题，它是对某事物较持久和较稳定的认识。

例如：你对教师职业的态度是：

①喜欢　②无所谓　③不喜欢

无论是行为表现方面的资料还是态度方面的资料，都是由调查者以问题的形式提出，要求被调查者如实回答。

在设计问卷时，把问题分为基本资料、行为资料、态度资料，有利于对三者进行相关分析，从而对某一研究现象进行系统性研究。

三、问题的设计

一份科学、有效的调查问卷关键是问题的设计。

（一）问题设计的基本步骤

调查问卷中问题的设计过程如下：

1. 建立理论构架

问题设计的第一步就是建立理论构架。所谓建立理论构架就是根据调查研究的课题，确定调查的变量或概念。如案例一中（见本章后面），调查者根据"中小学学生自我意识发展"这一课题，把自我评价、自我控制、自我体验、性意识的发展和稳定性确定为问题的五个变量。这样，问题的设计就有了一个理论的框架。

2. 根据变量设计问题

调查问题的理论框架建立以后，也就是调查者所要调查的变量确定以后，就要根据这些变量设计问题。如案例一中，根据"自我评价"这一变量，调查者设计了14个反映中小学学生自我评价方面的问题（详细内容请见案例一中的问题1、2、10、11、19、20、28、29、37、38、46、47、55、56）。在设计具体问题时，要注意设计的问题与所反映的变量的操作定义的性质应一致。如研究中小学学生自我意识的发展,经过理论建构,确定自我意识,包含自我评价、自我控制、自我体验三种变量,自我意识还包括性意识的发展和稳定性,因此,具体问题的设计就应根据这五种变量去分别进行设计。如何把各种变量再分解为若干具体的问题呢? 调查者应从各种变量或概念入手,找出与这些变量或概念相联系的行为、态度、价值观念等方面的表现,然后根据调查的需要及问卷的容量,表述为若干具体的问题。

(二) 问题设计的一般要求

一般说来,在设计问卷的问题时,必须遵循一些基本的要求。

1. 问题的设计要有一定的目的和理论依据,并且和研究目的要一致

有人把它称之为"适宜原则"。它强调问卷中所有问题应和研究的主题相符,要切合主题,要针对主题。一项研究课题,有一个总的研究目的,而问卷中题目的设计过程就是把研究的目的逐步具体化的过程。在进行问卷设计时,调查者的头脑中必须有一个"目标体系",问卷中的所有问题都必须纳入"目标体系",使研究课题所需要探讨的每一个具体问题在问卷中都有所反映。我们仍以《中小学学生自我意识发展调查问卷》为例来加以说明。该问卷的调查者经过理论构建以后,确定了调查的五种变量,又把每一种变量具体分解为 14 个问题(稳定性为 7 个),详细分解情况请结合案例一,见图 6-1。

中小学学生自我意识

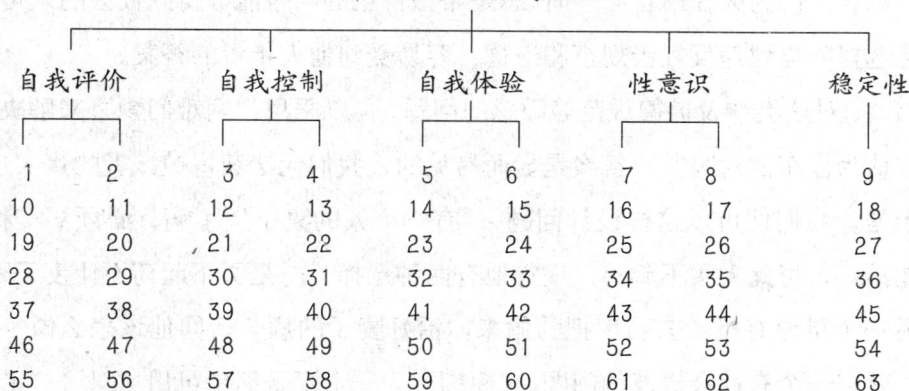

自我评价		自我控制		自我体验		性意识		稳定性
1	2	3	4	5	6	7	8	9
10	11	12	13	14	15	16	17	18
19	20	21	22	23	24	25	26	27
28	29	30	31	32	33	34	35	36
37	38	39	40	41	42	43	44	45
46	47	48	49	50	51	52	53	54
55	56	57	58	59	60	61	62	63

图 6-1 "中小学生自我意识发展调查问卷"问题设计的目标体系图

图注:图中的阿拉伯数字代表案例一中问题的序号

再例如，设计有关对教师的态度问题。首先要弄清态度的概念，其次要考虑测量态度的三个指标，即认知因素、情感因素、行为倾向因素。于是可根据这三个指标设计出诸如下列类型的问题：

（1）你认为教师的工作是：（认知因素）

A.伟大　B.平凡

（2）你喜欢教师这个职业吗？（情感因素）

A.喜欢　B.不喜欢

（3）假如有改行的机会，你是否会选择教师的职业？（行为倾向）

A.是　B.不是

对于"目标体系"之外的问题，即与研究课题无关的问题，就不应在问卷中提出。否则既浪费时间又影响资料的整理和统计。当然如果是把某一个需要调查的问题遗漏了，结果就会因缺乏某一方面的资料而影响研究。因此，问卷中问题的设计首先应有一个完整无缺的目标体系，使具体问题的设计和研究的目的相等。

2. 不要涉及社会道德等问题

在设计问卷的问题或答案时，应避免社会道德方面的问题，使题目和答案看起来是中性的，以消除答卷者因道德问题而引起的顾虑。比如问："你经常抄别人作业吗？"这种问题谁也不愿肯定回答，即使他经常抄别人作业，也很难自己承认。因为人在回答问题时，总是希望自己的回答能够得到社会的认可，而不愿选择明显地违反社会规范和道德、容易受到他人指责的答案。

因此，对这类涉及道德规范等敏感的问题，可以采用"两难问题"来解决。如"你认为偷东西对吗？"答案是显而易见的，我们无法获得被试者的真实想法，于是，我们便可以这样设计问题："有一个人的妻子生了病，必须买一种药才能治好，可此人买不起药。现在他有两种选择，一是买不起药而让妻子死去，另一个是他有机会去药房把药偷来，治好妻子的病。请问他该怎么做？"这样，就把一个有社会规范的问题，"模糊"为一个不是简单可用"对"、"错"评价的问题，从而了解被试者的真实想法。

3. 表达要清楚、简洁

问卷中的每一个问题都要力求简单明了，便于回答，切忌繁杂，每一个问题在表述上只能有一个疑问，不能兼问，否则，会使回答者不知如何回答。如："你对学校的教学工作和后勤工作是否满意？"对于这类题目，如果被调查者仅对其中一项满意，而对其他不满意就无法回答了。另外，整份问卷的长度要尽可能简短，否则，花时间太多，答卷人可能会因不耐烦而不认真回答问题。一般来说，问卷在 30—40 分钟为宜，如果问卷过长，可变换一些方式。如在问卷中设计一些鼓励的语句等。

4. 问题中的概念不要太抽象，不要超出调查对象的知识能力范围

问卷中所有的问题都应是答卷人能够提供信息的问题，所有问题都要与答卷人的信息背景相适应。如："您觉得您孩子的 IQ 水平如何？"由于 IQ 这个概念太抽象，家长可能不明白，因此，容易出现回答困难的问题。

（三）问题设计的一些技巧

上面我们谈到设计问题应该遵循的一般要求，这里主要谈设计问题或答案时在用词造句等方面的一些技巧。

1. 在问卷的问题中应避免包含两个以上的概念或事件。

例如：你喜欢生物和化学吗？　（　　　）

A. 是　B. 否

如果回答"是"表示两者都喜欢，若答"否"表示两者都不喜欢。如果答卷人喜欢其中的一项，就不知如何回答。因此，像这类问题，最好以两个问题分开表示，即"你喜欢生物吗？"或"你喜欢化学吗？"

2. 在问卷的问题中应避免采用双重否定。

例如：你是否认为儿童没有不想学好的？　（　　　）

A. 是　B. 否

双重否定句在叙述问题时，题意往往比较隐含，一般说来，问卷中问题的题意要能直接显示出来为好。

例如：你认为儿童都是想学好的吗？ （　　　）

A．是　B．否

3．在问卷的问题中要避免不适当的假设。

例如：你喜欢《狮子王》这部电影吗？

这个问题里隐含了一个不适当的假设，即假定答卷人都看过《狮子王》。事实上并非如此。这里最好改用一个有条件的问题，先提一个过渡问题，然后再进一步问上面这个问题。如"你看过《狮子王》电影吗？"如果答"是"，就加问"你喜欢看吗？"

4．避免启发和暗示。

例如：很多专家呼吁不要择校，你的意见呢？ （　　　）

A．要　B．不要

以专家意见作为问题的开头，很容易引导答卷人与专家意见一致。

5．避免学术用语和专用语。

例如：你赞成中学会考采用标准分数吗？

"标准分数"是属于学术上的专用名词，不是所有人都懂得，因此，对艰深难懂或学术上的名词应尽量少用。

6．避免引起答卷人情绪困扰的内容。

例如：你认为你们校长的管理水平：（　　　）

A．高　B．一般　C．低

上面的题目，涉及到教师对学校领导的评价，容易引起答卷人的困惑。另外，有关个人的私生活、情感等问题，在设计时，可以转移到不具名的第三者身上，请答卷人回答，这也可以在一定程度上反映出答卷人的观点。

7．问题的设计要具体明确。

例如：你认为玩具对儿童的发展会产生影响吗？

这个问题太空泛，范围太大。玩具对儿童有哪些方面的影响？动作、思维、想象？是好影响还是坏影响？

8.问题的指代要清楚,以免产生歧义。

例如：你在哪里读书?

"哪里"是指学校还是指城市,容易误解,影响答卷人准确地回答问题。应改为:"你在哪个学校读书?"

9.类别项目列举要完整,项与项之间必须相互排斥。

例如：当你学习上有困难时,常常先找谁? (   )

A.父母 B.老师 C.同学

上面这个问题,属于类别项目,由于列举不完全,答卷人可能无法选择。如有人喜欢先找朋友,而在上面的答案中是找不到的,因此,当反应项目很多又不可能做到完全列举时,可以加上"其他"一项。

再如：你长大了想干什么? (   )

A.科学家 B.天文学家 C.教师

D.工人 E.医生 F.其他

上面的第二例中,项与项之间出现重合,如A和B两项,B项包含在A项中。像这样的情况,在问卷中是不宜出现的。

10.对需要强调的概念,要在该概念下加画横线,以引起答卷人的注意。

例如：你赞成中小学<u>分重点和非重点</u>吗?

四、问卷的编制

(一) 问卷编制的形式

1.开放式（又称不定案型、自由答题式）。开放式问卷的题目只是提出问题,不作回答范围的限制,不提供可选择的答案,它是由答卷人根据自己的情况自由作答的一种问卷形式。就题型分析,可以是填空式的,也可以是问答式的。例如我们要对儿童的家庭教育和父母教养方式进行调查,就可以设计成下面这些问题:"孩子犯了错误后,你怎么办?"、"孩子学习上遇到困难后向你反映,你通常怎么做?"等。

例如：一项对中学生目前兴趣倾向的情况调查

请你用最简洁的语言,回答你在日常生活学习中

①最希望的问题是什么？ _____

②最关心的问题是什么？ _____

③最担心的问题是什么？ _____

④最不满意的问题是什么？ _____

⑤最苦恼的问题是什么？ _____

⑥最感兴趣的问题是什么？ _____

⑦最高兴的事情是什么？ _____

⑧最痛恨的事情是什么？ _____

⑨最想干的职业是什么？ _____

⑩最崇拜的人是谁？ _____

开放式问卷往往用于以下情况：一是较深层次的问题研究。被调查者不受研究者和题目答案选择范围已界定的限制，按各自对问题的理解回答。这种问卷能如实地反映出被调查者的态度、特征、对有关情况的了解程度以及所持看法的依据等。因此，用于探讨那些只能进行描述性分析的较复杂问题以及获得有关人士对某些问题的看法。二是在研究初期，对所研究的问题或研究的对象有关情况还不十分清楚的情况下，采用开放式问卷，来帮助研究人员设计封闭式问卷。一般做法是：在小范围内进行开放式问卷调查，并对搜集的资料进行归纳分析。在掌握相当的资料后，再采用封闭式问卷进行较大规模的调查和进行定量分析。因此，在一定意义上，开放式问卷调查正是封闭式问卷调查的基础。这种问答式问卷，搜集到的材料丰富、具体，往往能得到许多意想不到的很有价值的资料。但是，由于答案不集中，材料分散，难以对答案进行横向比较，所以不易进行统计处理。

2. 封闭式（又称定案型）。封闭式问卷的题目，事先由调查者列出若干种可供答卷人进行选择的答案或者对填答方式做出规定或限制，由被调查对象选择填答或做出记号。封闭式问卷在编制时又包括以下问题形式。

①是否式：是否式问题是让答卷人在调查者事先提供的两种相反的答案中

选择其中一个，并在要求的位置上作特定的标志即可，如"是"与"否"、"同意"与"不同意"、"赞成"与"不赞成"等。

例如：a) 你认为学生必须服从老师吗？　（　　）

A. 是　B. 否

b) 你喜欢教师工作吗？　（　　）

A. 是　B. 否

这类问题的设计方式分类清楚，可避免"趋中式"反应，但有时由于备选答案不合适，被调查者说不清楚自己的想法，会出现随机选一个的情况。因而，有时往往在答案中加上一项"不置可否"的选项。

②排序式：排序式问题是由调查者列出若干反应项目，由填答者用数字按一定依据为这些反应项目编排顺序。如调查师范学校学生的学科兴趣时，可列出这样的题目：

请将下列你喜欢的课依次编号。

（　　）语文　　（　　）数学　　（　　）化学　　（　　）生物

（　　）历史　　（　　）英语　　（　　）音乐

（　　）美术　　（　　）体育　　（　　）地理

（　　）教育学　（　　）心理学　（　　）教学法

③选择式：选择式问题是由调查者为答卷人提供不同类型的答案，让回答者选择最适宜的一个或几个答案。

例如：你报考师范的原因是：（　　）

A. 喜欢教师这个职业

B. 听从父母的意见

C. 听从班主任的意见

D. 受同学、朋友的影响

E. 其他

④配对式：配对式问题是要求答卷人在已经搭配好的成对的答案中进行选择。

例如：你学习是为了什么？

a）甲：学习好能受到老师和家长的表扬。

乙：因为对读书有兴趣。

b）甲：为了将来受到别人的尊敬。

乙：为了将来祖国的四化建设。

⑤条件式：在拟定问卷题目时，有些问题仅适合一部分答卷人回答，因此，就必须采用有条件的题目。另外，有时对某些问题需要更深入的了解，也需要用条件式题目。例如：

a）中师毕业后你是否想升学？

A．是　B．否

如果是，请回答第二题，如果不是，就回答第三题。

b）中师毕业后，你想升入哪类大学？

A．师范大学　B．综合大学　C．其他

c）中师毕业后，你想到什么样的学校工作？

A．重点小学　B．一般性学校　C．差一些的学校

上面问卷题目中，a）叫做过滤问题，b）、c）叫做有条件问题，因为是否需要回答要视第 a）题目的答案而定。

⑥表格式：表格式问卷适用于一连串问题的问答。如果调查者需要了解答卷人对连续好几个问题的态度，这时便不必把每题分开选择，只要把它们集中在一个表格中，一边是问题排列，一边是选择的答案，如表3。

表6-3　对学校教学工作满意程度的问卷表

等级 问题	①很满意	②满意	③不满意	④很不满意
①学校的办学方向				
②学校的常规管理				
③学校的教学质量				
④教学的设备、设施				

3. 综合式。综合式问卷，形式一般以封闭型为主，根据需要加上若干开放性问题。也就是说，将研究者比较清楚、有把握的问题作为封闭性问题提出，而对那些调查者尚不十分明了的问题作为开放性问题放入，但数量不能过多。经调查，在积累一定材料的基础上，问卷中的某些开放性问题就有可能转变为封闭性问题，这也是问题设计时常常使用的技巧。

（二）问题的编排顺序

一份好的问卷，设计者在拟定编排题目时，必须按照一定的顺序将题目排列起来。一般说来，题目的编排应遵循下列顺序：

1. 时间顺序。按照时间上的顺序，由近及远，连贯排列。

2. 内容顺序。编排题目时，应符合人的认识规律，一般来说，应把容易回答的问题、人们感兴趣的问题放在前面，不容易回答的或生疏的问题放在后面，由浅到深，由易到难，由一般到特殊。一些含有知识的问题也要放在后面，以防因回答者回答不上而产生情绪波动。

3. 类别顺序。按问题的类别（静态资料、行为、态度）编排题目。排序为：静态资料的项目、行为项目、态度项目。此外，开放式的题目最好安排在封闭式的题目后面，因为回答开放式问题要花较多的时间。如果放在前面，回答者很可能不愿完成整个问卷。对于问卷中问题答案的排列，也必须按一定的顺序编排。如在案例中问题答案的排列就要按水平的高低排列的，③为高水平，①为低水平。

4. 逻辑顺序。要注意各种功能问题在编排顺序上的逻辑性。过滤性问题要排在实质性问题之前，否则，就起不到过滤的作用；而验证性问题不能紧跟在与它有相依关系的实质性问题之后，以免因回答者的思维定势而起不到验证效果，或因回答者觉察出这种意图而影响回答的真实性。

（三）编制问卷应注意的问题

由于问卷法操作简单，且能在短时间内收集大量的、多因素的实证资料，因此，使用的人越来越多。但由于问卷法自身的缺陷以及人们在使用时的不谨慎，常常造成很多失误，不能正确反映要研究的问题，因此，在编制问卷时应注意下面几个问题。

1. 同一因素的问题有多个题目。问卷法容易受社会变量的影响，因此，同一因素要多出一些题目，因为试题可以检验答卷人回答问题的一致性。比如，研究儿童性格是内向还是外向时，我们会涉及到社会适应问题，这就需要设计测量社会适应问题的题目，同是测量社会适应问题，可以设计不同的题目。例如：①在课堂上你经常发言吗？②在小组会上你经常发言吗？③在人多的场合下你经常发言吗？如果有人回答不一致，答卷人就可能没有认真如实地回答问题。

2. 不同变量的问题应交叉排列。在排列问卷的题目时，对反映同一变量或概念的问题要按一定的规律把它们分隔开来，使反映不同变量的问题做到相互交叉。如案例一中，每种变量都有 14 个具体的问题（稳定性为 7 个），在编制问卷时，调查者从每种变量的 14 个问题中，依次抽出 2 个（稳定性为 1 个）题目，重新编号组合成我们看到的案例一中的 63 个题目的问卷，组合方法见表4。

表6-4　测题合成表

因素	SA		SC		SE		XC		E
易	1 (1)	2 (2)	1 (3)	2 (4)	1 (5)	2 (6)	1 (7)	2 (8)	1 (9)
↑ 合	3 (10)	4 (11)	3 (12)	4 (13)	3 (14)	4 (15)	3 (16)	4 (17)	2 (18)
	5 (19)	6 (20)	5 (21)	6 (22)	5 (23)	6 (24)	5 (25)	6 (26)	3 (27)
	7 (28)	8 (29)	7 (30)	8 (31)	7 (32)	8 (33)	7 (34)	8 (35)	4 (36)
成	9 (37)	10 (38)	9 (39)	10 (40)	9 (41)	10 (42)	9 (43)	10 (44)	5 (45)
	11 (46)	12 (47)	11 (48)	12 (49)	11 (50)	12 (51)	11 (52)	12 (53)	6 (54)
↓ 难	13 (55)	14 (56)	13 (57)	14 (58)	13 (59)	14 (60)	13 (61)	14 (62)	7 (63)

由表 6-4 我们可以看出，问卷中的 63 个题目，相同因素的题目被两个一

组两个一组地交叉开来。(1)、(2) 题是自我评价 (SA) 问题，(3)、(4) 题是自我控制 (SC) 问题，(5)、(6) 是自我体验 (SE) 问题，(7)、(8) 是性意识 (XC) 问题，(9) 题是稳定性问题 (E)，其他问题依此类推。这种有秩序地将同一变量的问题分隔开，把不同变量的问题相互交叉地、有规律地混合排列，可以有效地避免答卷人的心理定势，防止反应倾向的出现。

3. 开放式、封闭式问卷相结合。问卷法主要是封闭式问卷，但封闭式问卷只是选择答案，而无法进行深入阐述，封闭式问卷只能了解是什么，不能解释为什么，只能进行定量的分析，不能进行质的分析，因此，在编制问卷时，最好封闭式问卷和开放式问卷相结合。

4. 匿名问卷。问卷法容易受社会认知因素的影响，答卷人在选择答案时，容易选择社会认可的答案而隐瞒自己真实的想法。为减轻答卷人心理压力，问卷最好不要署名。回答人在无忧无虑的情绪状态下回答问题容易真实。

5. 进行预测和信度检验。正式问卷制定前，要进行预测和信度检验。虽说封闭式问卷是在开放式问卷基础上产生的，但作为制表者难免会参入主观性，因此，开始制定的问卷必须要经过预测，将那些不合适的题目去掉。另外，要进行信度效度检验，直到确认问卷可靠有效，才能进行大规模的问卷研究。

五、问卷的实施

根据问卷调查的步骤，当一份合理、适量、又有信度和效度的问卷编制好以后，就应进入问卷的操作应用阶段。这一阶段主要包括发放对象的选择和问卷的发放两个方面。

（一）发放对象的选择

问卷的实施首先要考虑选择发放对象。同一个问卷选择的发放对象不同，得出的结论可能不一样。因此，一个问卷必须清楚是针对什么对象设计的，使用范围是什么。另外，被发放对象的选择还要考虑样本的代表性，选用什么样的发放对象应根据研究的目的或假设进行选取。如要考虑性别、城乡、年龄、职业、文化程度等。

（二）问卷的发放

1. 团体回答式

团体回答式是将调查对象预先集中到一定的地点，先由调查者口头做以说明，然后让被调查对象对问卷统一进行回答的方式。这种方式适用于人数较多的被调查对象，便于在集中、差异不大的情况下进行。其优点是效率高、进度快，问卷的回收率也高，问卷调查一般多采用这种形式。

2. 个别回答式

个别回答式是由调查者根据问卷内容直接向调查对象提问并记录其回答结果的形式。这种方式适用于调查人数较少、被调查者不易集中的情况，或是适合于儿童或文盲。其优点是得到的调查结果较真实、准确，调查者与被调查者有较多沟通和反馈的机会，并能获得较多的信息，回收率较高，但往往要花费较多的人力和物力。

3. 邮寄式

邮寄式是一种通过邮寄的方式把问卷寄予被调查对象，请他们回答的一种方式。这种方式适用于对一些无法直接接触对象的调查。例如，对全国特级教师的有关问卷调查就较适用于邮寄式。其优点是可以超越地域的空间限制，扩大取样数量，以便收取到更有效的资料。缺点是回收率低或不能按期寄回。这个缺点的解决有三个方法。第一，委托组织或熟人代理；第二，在问卷编制上下功夫，特别是在指导语中，使人充分认识到该问卷的重要性而按期寄回；第三，在问卷寄出后，如果未按期寄回，可发催促信，在催促信中一般再附上一张问卷。如果问卷的回收率过低，要在调查报告中对被调查者的样本加以详细说明，并分析回收率低的原因。

以上三种实施方式各有其适用范围及优缺点，实际研究中具体采用哪种形式，应根据实际情况而定。

由于问卷是一种使用得相当普遍的收集数据的方法，因此，邮寄问卷就成为进行大范围调查的最常用的发放问卷的一种方法（对于小范围的小样本调查，问卷的发放也可以由调查者直接送到被调查者手中）。为了保证问卷调查过程中问卷的回收率，在邮寄问卷时，采取跟踪发信函的方法对于问卷调查是必要的。跟踪发送信函事先应有计划，有时还要进行两次或两次以上的跟踪发送，连续发出的信函应该始终是令人愉快的，但又应是坚决地激励答卷人迅速回答的。跟踪发信函的方法有两种：①紧接着给那些没有回答的人寄一封信或明信片；②给每个人都发一个空白问卷的信封。前者更受欢迎，因为它较经济，而且排除了从同一个人那儿收到两张已做好的问卷的可能。后一种方法只有当不能鉴别出不答卷人时才使用。如果使用后一种方法，就应该告诉答卷人，如果已经回答了第一次问卷的就不必做第二次了。为了提高回答率，研究者应设计一张富有吸引力、简洁的问卷，而且应附有信息丰富的前言，以便适时进行信函的跟踪发送工作。

（三）问卷实施应注意的问题

问卷的实施应注意以下几个主要问题：

1. 调查情境的引入

为了使被调查者乐于合作，调查者在问卷实施前首先要引入情况，使被调查者明确调查的宗旨、意义等，以便使他们认真对待。

2. 建立调查者与被调查者良好的关系

调查者与被调查者之间的关系很重要，调查者和善、认真等态度会直接影响到被调查者的回答状况。

3. 问卷的实施要按标准操作

问卷的指导语、问卷的实施程度等都要按标准进行。尤其是言语清楚，不能省略或改变对问题的表述，更不能随意解释和暗示，因而，调查人员要有一定的专门训练。

4. 问卷采用个别实施时，当有开放式的问题时，必须准确记录原始材料。

六、问卷的处理

（一）问卷回收后，要对问卷进行整理和统计处理。

对问卷的处理主要有以下几个方面：

1. 分出不合乎要求的（包括没答完的、缺乏信度或效度）问卷并剔除出来，将合乎要求、标准的问卷分出。

2. 按照研究目的对问卷进行分类。

按性别、年级、文化程度等对问卷进行分类，为进一步统计、处理打下基础。

3. 求出各种统计量。

根据问卷的特点，对问卷的结果进行统计处理，统计既可以是定性统计，也可以是定量统计，或是定性与定量方法相结合。

4. 对问卷统计结果进行解释分析。

对问卷结果的统计处理，不应仅限于表面的数据，还要通过数据或问卷中体现的事实进行解释、分析。解释分析要以数据为依据，不能掺入研究者的个人观点，这样才能保证研究结果的客观性。

5. 得出结论，写出调查报告。

在解释、分析的基础上，得出问卷研究的结论，并写出调查报告，使研究成果得到交流。

（二）对问卷回收率的计算

对回收的问卷，在剔除废卷的同时要统计有效问卷的回收率。一般来说，回收率如果仅30%左右，资料只能作参考；50%以上，可以采纳建议；当回收率达到70-75%以上时，方可作为研究结论的依据。因此，回收率一般不应少于70%。

如果有效问卷的回收率不足70%，要再发一封信及一份问卷。另外，为保证结论的可靠性，如果有可能，可以做小范围的跟踪调查，了解未回答问题那部分被试的基本看法，以防止问卷结果分析的片面性。

（三）对问卷回答偏斜（向）估计

答案中的偏斜（向）指被调查者未真实反映事情的客观情况，因此对收回的问卷应做出偏斜估计。在问卷的回收过程中，常常会有一些回答者会省略掉一道或几道题目。被省略的题目可能是答卷人对该题目没有理解，也可能是没有把握。如果整份问卷只有少数几道题被省略，而且被省略的问题又不具有统一的模式，便不会带来多大问题。但如果省略频繁出现，那就应该对问卷作一些核实。

（1）对事实的回答错误。比如根据记忆回答而造成事实有误。

（2）装假倾向。装假倾向往往发生在以下两种情况，或社会性期望，当问及有关社会不容忍的态度或行为，答者按社会所认可的方式，故意做出符合社会倾向的回答；或提问涉及私人的问题，使回答者难以回答而做出不真实反应。

（3）默认倾向。指问卷中有的问题答案的选择项给添答一个预定的框架，不管提问内容如何都只能回答为"是"或"不是"。如类似这样的问题："偷别人的东西是不道德的，是吗？"、"正直的人是不会假公济私的"。

（4）道义理论与事实相悖。如关于大学生社会公德的调查，问及对加塞插队的看法，100%的答卷者都认为，"在一般情况下最好不要加塞"和"不应该加塞"，可是实际上多数人都有过加塞插队行为。

（5）无回答。一种是整个答卷不答，一种是部分项目不答。需要分析原因，或表示回避倾向，或判断力不足，或项目过多，内容过于复杂，或问题不好理解，因此要具体分析。如果不回答者甚多，就要修改栏目。

据观察，当要求答卷人对某个人或某件事作详细评价时，消极评价者比积极评价者更倾向于省略一些题目。另外，开放式题目比封闭式题目更容易被省略，可能是答卷人不想花时间，也可能是有别的什么原因。对于此种现象，可以对题目的回答进行内部核对，一种办法是把问卷分成两组，其中一组为被回答的题目，一组为被省略的题目。接下来可以按两组分别对相对题目的回答进行分析。如果得到的结论不一致，省掉题目就可能与回答者对这些题目的回答方式有关。省略题目是一件值得注意的现象，有必要找到可以解释的原因，因为省略有可能会使结论出现偏差。

当问卷题目是一些较为敏感的问题时，答卷者便可能有不诚实的动机。诸如，违反社会道德规范的行为问题，考试作弊问题等。如果是遇到这类问题，就有必要对不诚实回答进行核对。核对的方法有多种，若纳（Wrone）、沙波恩（Sanbom）和科恩斯坦蒂（Constantine，1992）在进行中学生吸毒问题的调查中讨论了4种识别有关吸毒学生调查中不诚实回答者的方法。它们是：

①不可能的回答——回答者表示使用某种不存在的药物。

②难以置信的回答——药物使用的频率和范围。

③答案的组合不可能——题目之间的回答缺少一致性。

④诚实性题目——要求回答者在回答题目时的诚实性程度。

运用上述4种方法中的任何一种，都可识别出不诚实的回答，一旦如此，不诚实回答者的其他数据就应被排除，这便会使总的数据信息减少，但这样的数据总比一个包含着错误的信息数据更让人信服。

思考题：

1．什么是教育调查法？它有哪些具体的方法？

2．什么是问卷调查？问卷的内容和结构包括哪几个方面？

3．请你设计一份问卷调查表。

第七章　教育经验总结法

在教育科研活动中，教育经验总结法是使用频率较高，也最简单易行的方法。本章就教育经验总结法的涵义、作用、操作步骤、方法及具体要求作一介绍。

第一节　教育经验总结法概述

一、教育经验总结法的涵义

教育经验总结法指在不受控制的自然状态下，依据教育实践提供的事实，分析概括教育经验，使之上升到教育理论高度的思维加工过程。教育经验总结法与其他教育科学研究方法有区别也有联系。经验总结法既不像实验法那样必须在一定因素控制下进行，也不像调查法、观察法那样研究结果偏重于事实材料，它来自事实又高于事实，因而对实践更具有一般指导价值。它对进行教育科学研究，具有十分重要的意义和作用。

二、教育经验总结法的意义与作用

教育经验总结法具有悠久的历史，我国古代第一部教育古籍《学记》，就是对先秦时期教育实践经验的总结概括而成的。目前，我们的教育科学研究仍然主要依赖归纳方法产生理论、发现规律。不少人认为，教育经验是教育科研的逻辑起点。可见，教育经验总结法在教育科研中占有重要的地位。其意义与作用在于：

（一）有利于揭示潜在的教育规律，丰富教育理论

任何教育活动都是有规律的，教育规律客观存在着，遵循它便能获得教育的成功，反之便失败。因此，总结成功的经验与失败的教训，往往使教育的客

观规律不断地得到揭示。例如一个差班的成功转化、一种教学方法的尝试等，只要体察入微，进行具体研究和总结，都能给人以受益。而教育经验的点滴积累正是教育理论取之不尽的源泉。可以说，没有教育经验总结法，就不可能有今天如此灿烂夺目的教育理论精华。

（二）有利于教育思想观念的转变，提高对教育战略地位与作用的认识

人类社会的进步，新的技术革命的挑战，我国社会主义现代化建设的现实，迫切要求我们转变陈旧的教育思想，树立教育的战略观念，加强对教育地位与作用的再认识。正确的思想认识来源于变革的社会实践，新的教育观念的确立不仅是一个理论课题，而且更重要的是通过反复的实践活动，不断总结新的经验。促进陈旧思想观念的转变。也就是说，理论的命运从来都是以满足社会实践需要的程度而决定的。总结教育经验的重要作用，也正在于将富有活力的教育实践理论化。

（三）有助于教育行政部门和领导者深入实际，正确地贯彻执行教育方针政策

教育行政部门和领导者，在贯彻执行教育方针政策的过程中，一方面要亲自深入实际，调查研究，了解情况，发现问题，掌握第一手材料，及时总结经验；另一方面要有目的地组织下属单位或个人，就某一项实际工作的开展，如普及九年制义务教育、农村学校分级管理、校长负责制、各门学科教学改革、思想政治教育和学校组织管理等，进行专题经验总结。通过经验总结过程，领导者既能够吃透实际情况，做到心中有数，又能够加深对教育方针政策的理解，更有效地发挥教育行政部门的职能作用和指挥能力，从宏观方面进行决策。

（四）有助于增强教师的业务素质，促进教育质量的提高

各级各类教师的业务素质如何，直接关系到教育教学质量的提高。而教师的水平既与他们接受的教育与训练有关，也与他们能否自觉地、有意识地不断总结和认识自己与他人的教育教学经验有关。因为知识就是对经验的概括与总结，经验总结的过程本身就是认识过程，是提高过程。

（五）总结教育经验有利于从实际出发，提高教育科学研究的水平

在教育科学研究中，经验总结虽然没有通过教育实验得出的结论那样精确，但却具有丰富的实践来源和广泛的群众基础。因为它是在自然形态下进行的，反映了教育教学过程的本来面目。所以，教育科学研究工作者都应重视实践经验的总结，而且要从点滴经验入手，哪怕是一堂观摩课的分析、一个失足青少年的转变，如能体察入微，进行具体研究，就有或大或小的收益。教育科学研究工作者通过总结经验，既能够充实自己的感性知识，提高观察事物的敏锐能力和判断能力，也能够开阔视野，拓宽研究领域，从理论与实际的结合上，提高研究水平，多出快出研究成果。

对于教师而言，教育经验总结法可以广泛运用于不断总结自己的教育教学经验，做到"在教学中研究，在研究中教学"，苏霍姆林斯基、马卡连柯、陶行知等大教育家都是这样成长起来的。

第二节　教育经验总结法的实施步骤和方法

教育经验本身具有广泛性、群众性和多样性的特点，而其内容又相当复杂，一般不可能控制在特定条件下进行总结，也难以制定统一的总结经验的方法步骤，我们只能根据经验总结的经验或具体实践过程，简要地介绍较常见的步骤与方法。

一、确定研究的课题与对象

总结教育经验，研究者首先要考虑总结什么教育经验和谁的教育经验这两个问题。确定研究课题与对象，就是根据经验总结的目的任务，从实际出发，认真选择具有代表性的地区、单位或个人，有组织、有计划地总结经验。例如1998年《人民教育》杂志社拟在全国总结推广中小学课堂教学结构的改革经验，他们便在南北方分头着手，北方选择了城市学校，南方便选择农村学校。江苏省泰兴市洋思中学的"先学后教，当堂训练"的经验在《人民教育》介绍后，引起了广泛的关注。

通常情况下，经验总结是以单位或个人的成功经验为前提来确定研究对象的。但也不尽然，有时为了全面考察教育的实践过程，特别是考察某一教育行政部门在贯彻教育方针政策或实施教育改革方案等方面的情况，就需要总结正反两方面的经验与教训。为此，选择的研究对象就应包括好、中、差三种类型，使研究范围有点有面，点面结合，以取得完整的经验。比如普及九年制义务教育、改革农村教育管理体制等，就需要以地、县、区为对象，或总结试点经验，或总结工作的全过程的经验教训。从学校教育的内部结构来说，总结经验的对象，可以是集体也可以是个人；可以是一个学校的办学经验，也可以是学校工作的某一个方面。总之，经验总结课题的确定与对象的选择，必须从实际出发，采取优选的方法，慎重从事，不能盲目地随意决定。

二、掌握有关参考资料

在研究课题和对象确定之后，就要围绕经验总结的中心内容，广泛收集、翻阅有关方针政策、上级文件与指示、国内外研究动态以及被研究对象的历史与现实资料。这不仅对于进一步明确总结经验的指导思想、目的任务和方法步骤十分重要，而且能够避免盲目摸索或重复已有成果，以提高经验总结的功效。显然，熟悉和掌握必要参考资料的目的，是为总结经验提供可靠的依据，而不是曲解某项方针政策和因袭前人的经验成果。因为总结经验的本身，就具有寻求真理、革新创造的含义。只有总结出新经验、新理论，才能指导教育实践活动，产生社会效果。

三、制定总结计划

总结计划，是总结经验过程的构想。它包括了总结工作进行的大体轮廓，即总结的起始、程序、实施、分析和综合以及总结的验证。因此，要制定出一个切实可行的总结计划，一是要明确经验总结的目的、任务和基本要求，经过反复研究讨论，在统一的指导思想下提出计划的初步方案，经验总结者与确定对象的负责人或个人一起讨论通过。二是组织力量，合理分工，职责明确。对于范围较广的经验总结，如总结一个地区或一个县的扫盲教育的经验，应由地县文教处（局）负责人牵头，抽调若干专职人员，并邀请教育科学研究工作者参加，组成一个精干的班子。如果总结对象是一所学校、一个教研组，则可邀请学校校长、教导主任参加。如果总结对象为教师或班主任个体，则可通过听课、谈话、查看作业、翻阅教案、召开教师与学生座谈会等方式开展工作。三是制定总结计划要留有余地，要充分考虑实施计划的可行性。因为计划要付诸实践，常常会出现事前难以预料的问题，有必要及时补充或修改原定计划，使之适应经验总结的实际情况。

四、搜集与记录经验

教育经验有直接与间接、有关与无关的区分。直接经验指本地区、本单位或本人（他人或自己）教育工作实际的切身经验。如教育过程中发现的新问题、新现象，解决问题的新办法；提高教育质量所采用新的教法与学法；教学内容和教学组织形式的调整；转变学生思想与行为的工作态度、影响方式、策略及其手段；个人对教育问题的新体会、新设计与新观念等。间接经验指单位或个人通过学习其他单位或他人的经验和方法，或通过对文献资料的学习而获得的理论观点和实际做法。一般说来，直接经验通常是新经验，而间接经验都是别人用过的一日经验。当然，一个单位或个人在工作中运用了其他单位或他人的经验后，自己又有了新看法，并对工作做了创新性的改进，这种新看法和改进就不是间接经验而是直接经验了。

有关经验一般是指与本研究专题关系密切的经验，无关经验则指与本专题研究关系不大或完全没有关系的经验。

研究者应通过广泛调查，抓住直接经验与有关经验，掌握大量第一手资料，为后面的经验总结与研究提供最重要的基础。

在搜集经验的过程中，记录是极其重要的环节。研究者一定要从客观性的要求出发，真实、准确地记录。对经验实施的方法、手段不篡改，对经验带来的效果不拔高、不扩大。经验记录力求全面，一般应包括以下内容：①关于问题或现象的具体叙述。如问题或现象发生的时间、地点、人员、当时的环境、人员的心理状态等,还包括问题发生的原因和背景。②经验获得者(集体或个人)对问题所做的分析与判断。③解决问题的方法,指经验获得者解决问题过程中的具体方法与操作步骤以及采取的相关态度。如经验获得者讲了哪些话,改变了哪些行为,做了哪些具体工作,这些说法与做法各在哪些时间、场合下进行的等。④解决问题的实际效果如何。即要认真记录经验者在改变了教育影响后所产生的各类变化,包括被影响者的言行表现、神态举止、学习和行为效果等。育人的工作是一项非常复杂的工作,并非施加影响后会立即收到明显效果,往往需要一段时间才能表现出来。这要求研究者必须认真耐心地做好长期的观察记录。⑤对不可控制因素影响的估计记录。学生心理行为的变化受到多种因素的影响,其中有些是实质性影响,有些是非实质性影响。有些效果的获得并非是经验者施加影响的结果,而是不可控因素影响造成的。例如一小学教师曾要求学生加强体育锻炼,一周后班上男生一个个踢起了足球,研究者认真做了记录,发现学生迷上足球的原因是老师教育的那一周,正好电视台转播亚洲足球赛,他们迷上足球主要是受足球赛影响而非老师的教育。可见记录过程中全面地了解情况、掌握实质性资料对分析概括经验是十分有益的。

五、经验的初步归纳与提出

研究者搜集到一定的经验材料之后,便可整理经验记录,写成书面的文字材料,归纳并提出初步经验。在这一过程中,研究者必须注意的是切不可改变原始的经验记录,以确保经验的客观性。二是归纳时应按种类分层次进行。

例如江苏省姜堰市桥头中心小学近年来坚持全方位多角度地改革教育教学,使全体学生的素质明显提高一例。研究者对此认真做了记录,通过整理,他们按种类分层次归纳的初步经验如下:

(1)提高教师素质

(2)努力改善办学条件

(3)实施"自能化教育"

(4)办"少年体校"、"少年艺校"、"少年军校"

（5）学生作文互批自改

（6）学生自办语文、数学学习报刊

（7）让学生广泛参与社会活动

六、筛选经验

原始经验是大量的、多样的，有些是有理论价值或应用价值的先进教育经验，有些则不是有价值的教育经验，这就需要进行筛选，把那些符合先进教育经验标准的、有研究价值的经验作为进一步研究的对象挑选出来。一般说先进教育经验的标准有 4 项：

（1）有效性。它应在实践中被初步证明是有效果的经验。

（2）新颖性。先进的、有研究价值的教育工作经验不是旧经验，而应是新经验，是在教育实践中获得的新发现、新规律和提出的新观点、新方法。

（3）普遍性。即新经验不限于某人某处使用时才表现出明显效果，而是另 4 人别处使用时也有明显效果。

（4）稳定性。即经得起时间考验并有发展前景的经验。上例中，研究者把实施自能化教育作为先进教育经验挑选了出来，因为这是当时鲜有的先进经验，是他们教改的特色之所在。

七、先进教育经验的核实与验证

对筛选出的教育经验还要进行认真核实与验证。先进教育经验的核实与验证是采用科学的检测手段或实验方法对经验加以检验，检验教育经验的真实性、可靠性、有效性。对先进教育经验进行核实与验证是对教育经验进行研究的必要环节。因为经验来自教育教学的自然状态，经验所提供的方法在实施过程中缺乏对无关变量的严格控制，所以经验往往难以揭示因果关系，只有通过实验的方法来加以科学的验证。例如经验认为，某种新教学方法使学生学习成绩明显提高了，实际上，学生学习成绩的提高可能并不是教学方法的作用，而是教师教学态度或对学生的期待发挥了作用。如果不经过实验，误认为是教学方法引起的，这种经验就靠不住了。

对教育经验的核实与验证既有联系又有区别，它们的目的都是验证经验的真实性与可靠性。但核实指的是把经验提供的方法和效果与实际情况进行比较，看经验提供的方法和效果与实际是否相符。而验证采用的是实验方法，依据经验提供的方法和结果，设计一项或几项实验，验证此方法是否真实有效，或鉴定这一方法是否是导致结果的真正原因。对教育经验的核实与验证是紧密联系在一起的。一般说，在验证之前先对经验进行核实，在核实的基础上进行实验验证。

对先进教育经验进行核实包括三大内容。其一，是核实经验所提供的方法的具体内容和形式。如教师在解决问题时采用了什么手段，采取了哪种具体形式，说了些什么话，采取了什么样的态度，要求学生做了些什么以及使用了哪些材料、教具等。其二，是核实方法的实施过程。包括时间、地点、人员、环境、背景、过程的阶段步骤等。其三，是核实效果。包括学生行为的变化，学习成绩的变化，能力的提高以及个性特点的变化等。对先进教育经验常采用座谈、观察、问卷等方法核实经验所提供方法的内容和形式；采用录音、录像等手段核实方法的实施过程；采用测验（书面的、口头的、技能操作的）手段核实经验产生的效果等。为确保核实工作有实效，最好在不被对方觉察的自然状态下进行。

对先进教育经验的验证有两种形式，即实验室验证和自然实验的验证，而后者居多。实验室验证用来验证经验所提供的自变量与因变量的关系，确定经验中涉及到的变量，哪些为有关变量，哪些为无关变量以及经验提供的方法是否真实有效等。自然实验的验证，一般通过配设实验学校或实验班级，在一定样本范围内实施某种先进教育经验，观察并记录其是否有相同效果。

教育经验通过核实与验证，便可鉴定出哪些属真实有效的，哪些属虚假无效的，还有哪些经验需要作进一步修改与完善。这使经验的科学性大为提高，因为它是在因果联系中探求事物的本质。

八、先进教育经验的理论化

提纯了的教育经验尚未完全成为理论形态,为此,需要对教育经验进行去粗取精,去伪存真,分析综合,抽象概括的加工,提炼出科学的概念或基本假设,从而创立一种新的学说或理论。

这一提炼过程粗略地说可分三步进行。

第一步,抽取经验主题。所谓经验主题,就是指反映经验实质的主题思想。它通常可用一句话来表示,如"实施分层教学可大面积提高教学质量"、"注音识字、提前读写"……研究者要想达到准确而迅速地抽取经验主题的目的,必须注意下述三条:一是应掌握科学的逻辑思维方法。有的经验事实一开始就有明确的思路与目标,提炼主题可沿着经验者的思路和行为过程,概括出他的最具特色的思想观念。对于经验者一开始构思笼统模糊,没有形成主导思想线索的经验,则可以将经验先分项,再逐层提炼,以概括出经验各层中共同的且贯穿始终的主导思想。二是要善于摒弃非本质因素的干扰,要善于透过现象抓本质。例如搜集与记录经验时有这样的事实:Z老师,学生反映上他的课思想不会开小差;老师反映他上课时学生发言踊跃,课堂气氛好;学校领导反映他上课学生热情高。如果仅从现象上分析难以找出其教学经验的思想观点,若深入本质就不难发现Z老师的经验是善于激发与调动学生的思维积极性,这便是经验主题。三是应善于把经验事实纳入教育理论框架,为经验寻找高新的理论支撑,往往能抽取出更为深刻的经验主题,构建出更有价值的理论。

第二步,形成理论术语。要使经验理论化,必须通过一系列概念来组合,这些概念的语言表现形式便是术语。一般说来,术语化的程度反映出理论的抽象水平。所以,在教育经验理论化的过程中,应重视术语体系的建立。美国布鲁姆的"教育评价理论"中就构建了"诊断性评价"、"形成性评价"、"终极性评价"等术语,揭示教育评价与教学过程的关系。构建术语的方法很多,常用的有:①改造。将日常用语科学化,赋予日常用语以科学内涵,并做出界定。②借用。将其他学科的术语搬来解释教育问题,如"反馈"、"系统"等。③引进。从国外引进适合本经验理论体系使用的一些新术语。④创新。研究者通过类比等方法创造一些新术语。

第三步，构建理论模式。有了经验主题和术语还不够，因为这还不足以揭示教育经验中的本质联系，只有把这些术语用经验主题科学地有层次地组合起来，才能使经验成为真正的理论，以发挥经验对实践的指导作用。如江苏省常州师范学校特级教师邱学华将自己的数学教育经验形成为"尝试教学理论模式"就是一例。

这里需要强调的是，被用来分析综合、抽象概括的教育经验一定是经过核实和验证的。因为没有经过核实与验证过的经验，往往是不可靠的，对不可靠的经验作理论概括，其形成的新理论可能是不科学的，不科学的理论会对教育实践产生误导。我国报刊介绍了诸多的改革经验，至今被应用推广的并不多，原因固然很多，其中缺乏可靠性与科学性可能是最重要的因素。当然，对经验进行抽象概括的理论化过程也要有正确的方法与科学的理论作指导，特别是应有先进正确的哲学思想作指导。经验总结法是教育科研方法之一，教育科学研究不仅要揭示大量的教育事实，更要对这些事实做出说明和解释，这是教育科研的必然结果。

这里还要说明的是，任何理论或学说总是在一定条件和范围内才是可信和正确的。因此，我们在看到先进教育经验具有广泛适用性的同时，还必须看到其局限性，这在先进教育经验推广过程中显得尤为重要。

第三节 教育经验总结法的基本要求

运用经验总结法进行教育科学研究，必须遵循一些基本要求，这些基本要求应贯穿于经验总结工作的全过程之中。这对于选择确定总结对象、制定总结计划、实施方法步骤以及经验的推广等都有重要作用。

一、选择总结对象要有代表性，具有典型意义

总结教育经验的范围相当广泛，既可选择集体，也可选择个人；既可选择

宏观的经验总结，也可选择微观的经验总结。但无论从哪个方面入手，都必须认真考虑经验总结的代表性及其典型意义，因为有代表性其经验才具有更多的共性，才能上升为一般理论。

二、要以客观事实为根据，定性与定量相结合

教育教学经验的本身，是一种内容极为丰富的物体，发展变化是绝对的，平衡稳定则是相对的。既有矛盾的普遍性，也有矛盾的特殊性。具体问题要具体分析。分析问题要尊重客观事实，把定性与定量分析结合起来，实事求是地进行总结。也就是说，在总结经验的过程中，不能先入为主，夹杂任何偏见，接受任何暗示。教育教学的实践活动提供了什么事实，就总结什么经验；有什么经验，就提供什么理论依据，不得为赶时髦而杜撰经验。为防止主观随意性的产生，经验总结必须坚持定性、定量分析相结合，尽量让客观数据说明问题，防止主观武断。如采用电子计算机或借助于数据库等现代化手段，对于所取得的各项数据要严格核实，避免统计分析中的疏漏或误差。在常见的经验总结报告中，多属定性描述，很少定量分析；即使有定量分析，数据误差也往往很大，以至出现粗估冒算、编造假数字的现象。这种情况的存在，当然会直接影响到经验总结的可信程度。

三、要全面考察，注意多方面的联系

列宁说："如果从事实的全部总和、从事实的联系去掌握事实，那么，事实不仅是'胜于雄辩的东西'，而且是证据确凿的东西。如果不是从全部总和、不是从联系中去掌握事实，而是片段地随便挑出的，那么事实就只能是一种儿戏，或者甚至连儿戏都不如。"教育是十分复杂的社会活动，任何教育的成功都不是单因素所能奏效的。因此，总结经验也必须尽量全面考察，系统了解，从事物发展的整体入手。现代教育呈现出多规格、多因素、多结构的复杂形态。如果没有整体观念，不能正确处理整体与局部的关系，就难以观察教育实践过程的全貌，所搜集的事实也只能是支离破碎的例证，不足以揭示教育内部的必然联系，因而也就没有什么普遍意义和典型价值。所以，在总结教育教学过程

中，全面考察就是既要了解教育的外部联系，即教育的纵向与横向之间的相关因素的依赖与制约；又要把握教育的内部结构，即教育各层次之间的协调一致，合理布局。宏观的教育经验总结，需要全面考察；微观的教学经验总结，亦需要全面考察。

四、要正确区分现象与本质，得出规律性的结论

唯物辩证法告诉我们，事物的现象与本质之间的关系有时是很复杂的，有的现象反映本质，有的现象却歪曲本质，经验也是如此。经验总结者深入实际后，会接触到具体的人和事。人们对先进事迹的反映，常常并不完全一致。究竟是七分成绩、三分缺点，还是四分成绩、六分缺点？要做出客观的公正的评价，就必须在详尽地占有事实的基础上，分析哪些是现象，哪些是本质？哪些是支流，哪些是主流？抓住了本质的、主流的东西，就掌握了经验总结的核心问题。这样，才有可能克服和避免主观片面性与随意性。那种脱离实际，不严格区分现象与本质、支流与主流的总结经验的思想方法，就难以得出符合客观规律的结论来，甚至一味"拔高"经验的理论价值，随意加进"水分"，弄虚作假，文过饰非，给正确总结经验提供了反面教训，应该引以为戒。

五、要有创造革新精神，不受因循守旧思想观念的束缚

以往的经验总结存在一个突出问题是用已有的理论来剪裁经验，因而尽管这里树典型那里出样板，结果推广一阵，人们仍然回到老路上去，这与经验总结时因循守旧不无关系。《中共中央关于教育体制改革的决定》指出："教育体制改革要总结我们自己历史的和现实的经验，同时也要注意借鉴国外发展教育事业的正反两方面的经验。特别是在新技术革命条件下，一系列新的科学技术成果的产生，新的科学技术领域的开辟以及新的信息传递手段和认识工具的出现，对教育产生了重大的影响，发达国家在这方面的经验尤其值得注意。"这就为我们总结教育经验提出了新的任务与要求。因此，总结经验的思想观念也得随之转变，必须开阔视野，放眼世界，以革新创造的精神去发现新问题。在总结经验的过程中，不能只是用已有的理论套经验，而应依据经验所揭示的规律，

归纳创立新的教育理论。在总结经验的方式方法上，应注意克服因循守旧的条条框框的束缚，探索出新的、科学的途径来。这样做不仅可以加速教育新观念、新理论的生成，也加大了理论对教育实践的指导作用。

第四节 先进经验的推广

先进的教育教学经验的推广，是现代教育信息交流与传播的一种方式，也是经验总结接受实践检验、取得反馈信息的一种有效途径。从人类认识发展过程来说，先进经验的推广，就是再认识、再实践的过程，不经过多次反复的再实践、再认识过程，即使先进的经验也难进一步提高并取得较大的社会效果。

一、推广先进经验的目的

教育教学经验，一般说来，是在群众性的自然状态下取得的。而先进的教育教学经验的推广，则是有目的、有组织、有计划的实践活动过程。

（一）以先进经验为榜样，促进教育教学质量的提高。这是总结经验的基本出发点，也是推广先进经验的直接目的。因为先进经验是可以共同享用的集体智慧的结晶，只要有助于集体或个人工作效率的提高，适应集体或个人的实际情况，都可以主动学习，积极推广。比如在一个学区范围内，由于乡镇领导重视师资培训工作，通过在职或离职进修，提高了教师的业务水平，使学生合格率大幅度上升，取得了显著效果。这个经验就值得在县、区进行推广。同样，对于某一门学科教学质量的提高，取得了先进经验，也应该动员、组织同学科教师吸取经验，改进教学内容与方法，使先进经验"开花结果"，提高教学质量。

（二）以先进经验为典型，推进教育教学改革的实施。这是教育行政部门常用的一种工作方式或领导艺术。为了贯彻教育方针政策、实施教育教学改革方案和规定以及教育工作的重大决策，教育行政领导部门就得采取树立先进典型，以点带面，推动全局工作的开展。"胸中有全局，手中有典型"的领导方式之所以重要，也正说明推广先进经验的主要目的，就在于它对指导实践活动具有重大作用，能够形成强大的教育力量，动员和激励广大教育工作者参与教育教学改革活动。如果教育行政领导部门忽视先进经验的推广，不去树立先进典型，单纯使用行政命令的办法，那就不仅会削弱自己本身的指挥能力，而且会造成先进经验的自生自灭，挫伤教育工作者的积极创造性。

（三）以先进经验为依据，丰富教育科学研究的内容。先进的教育教学经验是教育科学研究的源泉之一。在推广先进经验的过程中，教育科学研究工作者应深入实际，一方面参与先进经验的实践检验，从理论与实践的结合上提炼具有规律性的成果；另一方面要善于发现新问题，研究新情况，促使先进经验的推广，从中进一步提高鉴别能力，有所发现，有所创造，增强教育科学发展的活力。对我国古代与国外教育教学经验的推广和运用，要贯彻"古为今用，洋为中用"的基本原则，从国情出发，讲求实效，注重学习精神实质，扬长避短。既不要把经验程式化、固定化，生搬硬套，不切实际，也不要赶时髦，图形式，搞花架子，乱提口号。在这方面，我们是有沉痛教训的。

二、先进经验的主要标准

教育教学经验的总结，包括正反两个方面，即成功的经验和失败的教训。先进经验主要指以成功因素占主导地位的有实际效果的经验。

（一）典型性：即教育教学经验本身所提供的内容，符合辩证唯物主义与历史唯物主义的基本原理，体现教育教学的客观规律，在一定范围内具有普遍的代表性，对于教育教学实践活动有指导意义。

（二）效益性：即教育教学经验的产生、形成，已经在实际工作中引起了较强烈的反响，取得了一定的效果和良好的社会效益。

（三）稳定性：即教育教学经验的形成与发展处在相对稳定的状态，经得起实践上的检验和理论上的辩驳，不带偶然性、随意性的弊端。

（四）现实性：即教育教学经验具有迫切的现实意义，对于提高教育教学质量或推动教育教学改革有积极促进作用。或对教育教学领域内长期难于解决的重大问题有所突破，提供了具体途径和方法。

（五）适用性：即教育教学经验具有广泛的群众基础，在一定范围内已被教育教学实际工作者普遍接受或采用,学之可得,用之有效,有公认的实践效果。

（六）创造性：即教育教学经验具有革新创造的活力,或独树一帜或另辟蹊径,对于开创教育工作的新局面,在理论与实践上有重大的贡献。

这些主要标准是对广义的先进教育教学经验而言,至于不同性质的各类先进教育教学经验的标准,则须另行确定。

三、推广先进经验的形式

推广先进教育教学经验的形式多种多样,不拘一格,大体归结起来有直接推广与间接推广两种基本类型。

（一）直接推广

由教育行政领导部门、各专业研究会和学校主办或参与,有目的地组织经验总结者和被总结对象,采取大小型会议形式直接交流或传播教育教学经验,并以主管部门正式行文批转经验总结报告,要求所属各单位或学校参照实施。

1．先进教育教学经验交流会。由各级教育行政部门主持召开教育教学经验交流会议,向与会代表报告先进经验,直接传播交流信息,肯定先进经验推广的意义与作用,并提出实施的具体要求。

2．先进教育教学经验专题讨论会。由各级教育学术团体主持,举办学术年会或专题讨论会,召集会员代表参加,选择优秀教育教学经验总结报告,进行群众性的评价,要求与会代表宣传和推广先进经验。

3．先进教育教学展览会。采取这种形式传播先进经验,一般可由教育行政部门或学校主办。除先进经验创造者提供教案、教具、学生作业、试卷等有关材料外,还要有一定的经费购置必要的器材,诸如照片、图片、实物、模型和统计图表等,进行筹划布置,现场展出。通过参观展览,使与会者亲自感受先进经验所取得的实际效果。

4．先进教育教学演示活动。这类现场活动,一般指特级或优秀教师进行的课堂教学或课外指导。通过观摩教学或实地考察,了解先进教学经验的基本内容和方法,并可通过教学评议会或学生座谈会,与任课教师、学生直接交换意见，加深对先进经验的认识和理解。

5.开展先进教育教学传、帮、带活动。这是推广先进经验的一种小型有效的方式，适用于一所学校或一门学科教研组。由优秀教师向本校教研组的教师直接传授教学经验，通过听课、讨论教案和批改作业等各个教学环节，具体传授、帮助、带动全体教师改进教学方法，提高教学质量。这种活动应由校长、教导主任或教研组长组织领导，坚持经常化、制度化。

（二）间接推广

先进教育教学经验总结，写成书面报告或录制成磁带、电视片，由教育行政部门、专业研究会、学校等组织，向教育报刊、出版社、广播电视台推荐，广泛宣传，扩大影响，促使先进经验的传播与实施。

1.书面经验交流。将先进教育教学经验汇集成册或写成单项报告，推荐教育刊物公开发表，或由教育专业学会编印，进行内部交流。

2.录音录像播放。利用电化教育手段，通过广播电视台或学校电教室录制先进教学片、总结报告和现场教学等，组织广大教育工作者收看，并结合教育教学实际进行研究讨论。

3.组织专题研讨会。有目的、有计划地组织先进教育教学专题研讨会是一种有效的推广先进经验的形式。任何先进经验都不是包治百病的灵丹妙药，必须因地制宜，联系实际，不能搞"一刀切"，依葫芦画瓢。因此，为了使先进经验取得成效，可组织同行专家或教师进行讨论研究，经过消化吸收的过程，而后付诸实施。这是克服和避免盲目性、提高推广先进经验有效性的重要方法。

思考题：

1.试选定总结经验的具体课题，简略说明总结此项经验的方法与步骤。

2.根据先进经验的主要标准，试选一教育教学总结报告，进行具体分析、衡量。

3.如何推广先进教育教学经验？

第八章　教育质的研究方法

第一节　教育质的研究方法概述

一、质的研究方法概念

（一）质的研究方法定义

目前，对质的研究方法可以这样下定义，即是以研究者本人作为研究工具，在自然情境下采用多种资料收集方法对社会现象进行整体性探究，使用归纳法分析资料和形成理论，通过与研究对象互动对其行为和意义建构获得解释性理解的一种活动。

（二）概念辨析

本章将英文的"qualitative research"译为"质的研究"，在台湾、香港、新加坡等地，也有人将其译为"质性研究"、"质化研究"、"定质研究"等（陈了璋，1989；高敬文，1996；胡幼慧，1996）。本章之所以选择"质的研究"这个译名，主要考虑到可以与"量的研究"相对应，相对"质性研究"这类词语使用起来较为方便。此外，在中文中"质性研究"中的"性"和"质化研究"中的"化"这两个词的意思比较含糊，似乎有一种"推而广之"的意味；而"定质研究"中的"定"又在语气上似乎显得太肯定了。

如果望文生义的话，"质的研究"似乎是对社会现象"性"、"质"的研究，而"量的研究"好像是将重点放在事物的"量"化表现上。其实，所有的研究，不论是质的、量的，还是其他任何形式的研究，都是为了了解事物的"质"，即该事物以区别于其他事物的属性。用通俗的话来说就是："这个东西是什么？"

（包括其产生、发展和变化的进程）而要了解这个东西是什么，就不得不了解这个东西的各个组成成分，包括其规模、程度、速度、空间排列等可以量化的部分。比如说，如果我们想了解某学校的课程设置情况，我们除了应该知道该课程的内容和结构以外，还必须知道其数量，如学生每周上几门课，每天上几节课，每节课多长时间；速度，如这门课用了多少学时；程度，如该课程的难易程度，学生对课程的理解是否有差异等。因此，一个事物的"质"实际上指的是该事物的"性质"、"特性"和"特质"，是该事物区别于其他事物的特征和组成部分，包括该事物中可以"量"化的特征和组成部分。

1．"质"与"本质"的区分

那么，我们所说的"质"和"本质"又有什么不同呢？中文中的"本质"一词在英文中的译名是"essence"、"nature"。"本质"这个概念是相对于"现象"而言的，来源于自柏拉图始到笛卡儿集大成的二元认识论。这种"主－客"对立的思维方式认为，人们日常看到的东西只是事物的现象（或表象），一定要通过深入的分析（或通过实证的、可以感知的资料，或通过概念的、逻辑的哲学辨析），才能够获得对事物表象下面"本质"的了解。而质的研究由于受到现象学的影响，认为现象本身就是本质（刘放桐等，1981:551）。现象学强调对事物的本质进行直观，在变动的意识流中把握事物稳定的、不变的状态。正像人能够直接听到声音一样，人也能够通过自己的意识活动直观现象的本质。现象学中的"现象"不是人的感官所感觉到的东西，而是人通过自己的意识活动"激活"感觉材料之后而获得的一种意向。人时刻处于一种具有时空维度的视域之中，在看到感觉对象的同时也就看到了范畴、关系和内在结构（张祥龙，1998）这是人的一种带有意向性的意识活动，是一种不能对之进行论证或逻辑分析的"本质的洞察"（倪梁康，1994）。现象学的集大成者胡塞尔（E.Husserl,1994）早期提出的"本质还原"的办法主要有如下两个具体的步骤：1）中止判断，将自己的前设"括"起来，直接面对事实本身；2）在个别直观的基础上使现象的共相呈现出来。

由于受到上述现象学的影响，质的研究不认为现象和本质、形式和内容之间是可以相互分离的。事物（或意义）就像是一个洋葱（与二元论的核桃模式不同），其本质和现象实为一体；如果对其进行分解，一瓣一瓣地剥到最后便什么也不存在了。研究者实际上是一个社会现象的"拼凑者"，使出"浑身解数"将自己构造的"现实"展示给世人。这个"现实"其实是研究者个人的一种勾勒，是一个把现象拼凑起来的"大杂烩"，其中既有事情本身复杂、密集、浓缩的"质"，也有研究者个人的自我反思和过滤（Denzin & Lincoln,1994：2）。质的研究遵循的是一种具体的逻辑，具有直接、具体和整体性的特点（卡西尔，1991:15）。它与人的知觉经验密切相关，而不是使人的心灵从知觉"总体"的纠缠中抽象地解脱出来。

所以，在质的研究中，重要的不是"透过现象看本质"，而是针对现象本身再现现象本身的"质"。事物的"质"与"本质"之间的主要区别在于：后者是某种假定普遍地存在于事物之中的、抽象的属性；而前者本身就是一个整体的集合，其存在取决于当时当地的情境，而不是一个抽空了时空内容的概念。

2. 质的研究与量的研究的区分

讨论"质的研究"不得不同时讨论"量的研究"，因为有关"质的研究"的很多问题都是与"量的研究"相联系而形成的。对两者进行对比可以使我们对"质的研究"的理解更加明确。

"量的研究"（又称"定量研究"、"量化研究"）是一种对事物可以量化的部分进行测量和分析、以检验研究者自己有三种理论假设的研究方法。量的研究有一套完备的操作技术，包括抽样方法（如随机抽样、分层抽样、系统抽样、整群抽样）、资料收集方法（如问卷法、实验法）、数字统计方法（如描述性统计、推断性统计）等。其基本研究步骤是：研究者事先建立介设并确定具有因果关系的各种变量，通过概率抽样的方式选择样本，使用经过检测的标准化工具和程序采集数据，对数据进行分析，建立不同变量之间的相关关系，必要时使用实验干预手段对控制组和实验组进行对比，进而检验某种关于事物客观规律的理论假设。这种方法主要用于对各种相关因素的分析，如学生家庭经济困难与辍学之间的关系、学生学习态度与学习成绩之间的关系等。

关于质的研究与量的研究之间的区别，很多人都试图进行一一对比。图表8-1列出的是笔者根据有关文献以及自己的研究经验总结出来的主要区别。

3. 质的研究与定性研究的区分

目前尚无学者对定性研究进行明确、系统的定义和梳理。"定性研究"的所指比较宽泛，几乎所有非定量的东西均可纳入"定性"的范畴，如哲学思辨、个人见解、政策宣传和解释，甚至包括在定量研究之前对问题的界定以及之后对数据的分析。"定性是定量的基础，定量是定性的精确化"（陈波等，1989:122）这类陈述表达的就是中国学者目前普遍认可的观点。

首先，在本体论和认识论上，"定性研究"坚守实证主义的立场，认为存在绝对真理和客观现实，目的是为了寻找事物中普遍存在的"本质"。质的研究已经超越了自己早期对自然科学的模仿，开始对"真理"的唯一性和客观性进行质疑。其次，在研究方法上，"定性研究"基本上没有系统收集和分析原始资料的要求，具有较大的习惯性和自发性，发挥的主要是一种议论和舆论的功能。它更多的是研究者个人观点的阐发，通常结合社会当下的时弊和需要对有关问题进行论说和提供建议。而"质的研究"十分强调在自然情境中与被研究者互动，在原始资料的基础上建构结论或理论，其探究方式不包括纯粹的哲学思辨、个人见解和逻辑推理，也不包括一般意义上的工作总结。"质的研究"已经建立起了一些比较系统的方法规范和制约机制，研究者需要对有可能影响研究的诸多个人因素以及研究的具体过程有明确的意识和反省，而"定性研究"尚未有这类意识的要求。从这个意义上看，"定性研究"似乎主要基于的是一种形而上学的、思辨的传统，而"质的研究"主要遵循的是现象学的、阐释学的传统。质的研究更加强调研究的过程性、情境性和具体性，而"定性研究"比较偏向研究的结论性、抽象性和概括性。

图表8-1 质的研究与量的研究的比较

类别	量的研究	质的研究
研究的目的:	证实普遍情况，预测	解释性理解，提出新问题
对知识的定义:	情境无涉	由社会文化所建构
价值与事实:	分离	密不可分
研究的内容:	事实，原因，影响，稳定的事物	事件，过程，意义，整体探究
研究的层面:	宏观	微观
研究的问题:	事先确定	在过程中产生
研究的设计:	结构性的，事先确定的，比较具体	灵活的，演变的，比较宽泛
研究的手段:	数字，计算，统计分析	语言，图像、描述分析
研究工具	量表，统计软件，问卷，计算机	研究者本人（身份，前设），录音机
抽样方法:	随机抽样，样本较大	目的性抽样，样本较小
研究的情境:	控制性，暂时性，抽象	自然性，整体性，具体
收集资料的方法:	问卷，统计表，实验，结构性观察	开放式访谈，参与观察，实物分析
资料的特点:	量化的资料，可操作的变量，统计数据	描述性资料，实地笔记，当事人引言
分析框架:	量化的资料，可操作的变量，统计数据	逐步形成
分析方式:	事先设定	归纳为主，寻找主题，贯穿全过程
研究结论:	演绎为主，在收集资料之后	独特性，地域性
结果的解释:	概括性，普适性	文化主位，互为主体
理论假设:	文化客位，主客对立	在研究之后产生
理论来源:	在研究之前产生	自下而上
理论类型:	自上而下	扎根理论，解释性理论，观点，看法
成文方式:	大理论，普遍性规范理论	描述为主，研究者的个人反省
作品评价:	抽象，概括，客观	深描，多重声音
效度:	简洁，明快	相关关系，证伪，可信性，严谨性
信度:	固定的检测方法，证实	不能重复
推广度:	可以重复	认同推广，理论推广，累积推广
伦理问题:	可控制，可推广到抽样总体	非常重视
研究者:	不受重视	反思的自我，互动的个体
研究者所受训练	客观的权威	人文的，人类学的
研究者心态:	理论的，定量统计的	不确定，含糊，多样性
研究关系:	明确，确定	密切接触，相互影响，变化，共情
研究阶段:	相对分离，研究者独立于研究对象分明，事物确定	演化，变化，重叠交叉

　　毫无疑问的是，"定性研究"是一种对社会现象进行探究的方式，有其自身的意义和作用。但是，由于中国社会科学研究界目前对这种探究方式的理论基础和运作机制缺乏研究，在此笔者很难对它进行描述、解释或评价。

二、质的研究方法的主要特点

　　虽然社会科学界对"质的研究"这一术语的明确定义存在分歧，但是大部分研究者已经就质的研究的主要特点达成了一定的共识。根据有关文献以及陈向明教授的观点，质的研究可以被认为具有如下一些主要的特点。

1. 自然主义的探究传统

质的研究必须在自然情境下进行，对个人的"生活世界"以及社会组织的日常运作进行研究。质的研究认为，个人的思想和行为以及社会组织的运作是与他们所处的社会文化情境分不开的。如果要了解和理解个人和社会组织，必须把他们放置到丰富、复杂、流动的自然情境中进行考察。研究者必须与研究对象有直接的接触，在当时当地面对面地与其交往。研究者本人就是一个研究工具，需要在实地进行长期的观察，与当地人交谈，了解他们的日常生活、他们所处的社会文化环境以及这些环境对其思想和行为的影响。由于驻扎在实地，研究者可以了解事件发生和发展的全过程。

自然探究的传统还要求研究者注重社会现象的整体性和相关性，对所发生的事情进行整体的、关联式的考察。在对一个事件进行考察时，不仅要了解该事件本身，而且要了解该事件发生和变化时的社会文化背景以及该事件与其他事件之间的关系。质的研究认为，任何事件都不能脱离其环境而被理解，理解涉及到整体中各个部分之间的互动关系。对部分的理解必然依赖于对整体的把握，而对整体的把握又必然依赖于对部分的理解，这便形成了一个"阐释的循环"。

在自然环境下获得的研究结果更适合以文字的形式（而不是数据的形式）呈现，因此质的研究报告多用文字表达，辅以图表、照片和录像等。即使采用统计数据，也是为了描述社会现象，而不是对数据本身进行相关分析。

2. 对意义的"解释性理解"（interpretive understanding）

质的研究的主要目的是对被研究者的个人经验和意义建构作"解释性理解"或"领会"（verstehen），研究者通过自己亲身的体验，对被研究者的生活故事和意义建构作出解释。因此，研究需要在自然情境中进行，研究者需要对自己的"前设"和"倾向"（bias）进行反省，了解自己与被研究者达到"解释性理解"的机制和过程。除了从被研究者的角度出发，了解他们的思想、情感、价值观念和知觉规则，研究者还要了解自己是如何获得对对方意义的解释、自己与对方的互动对理解对方的行为有什么作用、自己对对方行为进行的解释是否确切。

3. 研究是一个演化发展的过程

质的研究认为，研究是一个对多重现实（或同一现实的不同呈现）的探究和建构过程。在这个动态的过程中，研究者和被研究者双方都可能会变，收集和分析资料的方法会改变，建构研究结果和理论的方式也会改变。因此，质的研究是一个不断演化的过程，不可能"一次定终身"。变化流动的研究过程对研究者的决策以及研究结果的获得会产生十分重要的影响，研究过程本身决定了研究的结果，因此需要对其进行细致的反省和报道。

在实际研究过程中，研究者是社会现实的"拼凑者"（bricoleur），将某一时空发生的事情拼凑成一幅图画展示给读者。他们采取的是"即时性策略"，而不是按照一个事先设计好的、固定的方案行事。他们不仅是"多面手"，善于为自己的研究目的选择合适的操作手段，而且还是"自己动手的人"，能够根据当时当地的实际情况自己即兴创造。他们承认自己的研究承载着个人的价值倾向，自己所做的一切不过是对研究现象的一种理解和解释而已。因此，他们不必受到事先设定的"科学规范"的严格约束，在建构新的研究结果的同时也在建构着新的研究方法和思路。

4. 使用归纳法

从研究的基本思路看，质的研究主要采纳的是一种归纳的方法。归纳的过程通常由如下步骤组成：1）研究者将自己投入到实地发生的各种事情之中，注意了解各方面的情况；2）寻找当地人使用的本土概念，理解当地的文化习俗，孕育自己的研究问题；3）扩大自己对研究问题的理解，在研究思路上获得灵感和顿悟；4）对有关人和事进行描述和解释；5）创造性地将当地人的生活经历和意义解释组合成一个完整的故事（Moustakis，1990）。

归纳的方法决定了质的研究者在收集和分析资料时走的是自下而上的路

线，在原始资料的基础上建立分析类别。分析资料与收集资料同时进行，以便在研究现场及时收集需要的资料。资料呈现的主要手法是"深描"（thick description）（Geertz，1973），透过缜密的细节表现被研究者的文化传统、价值观念、行为规范、兴趣、利益和动机。

质的研究中的理论建构走的也是归纳的路线，从资料中产生理论假设，然后通过相关检验和不断比较逐步得到充实和系统化。由于没有固定的预设，研究者可以识别一些事先预料不到的现象和影响因素，在这个基础上建立"扎根理论"（grounded theory），即从研究者自己收集的第一手资料中构建的理论。

由于采纳的是归纳的方法，质的研究结果只适应于特定的情境和条件，不能推论到样本以外的范围。质的研究的重点是理解特定社会情境下的社会事件，而不是对与该事件类似的情形进行推论。研究的结果需要通过相关检验等方法进行证伪，其效度来自于研究过程中各个部分之间的相互关系，它与特定的时空环境密切相关。

5．重视研究关系

由于注重解释性理解，质的研究对研究者与被研究者之间的关系非常重视。质的研究不可能设想研究者可以脱离被研究者进行研究，因为正是由于双方之间的互动，研究者才可能对对方进行探究（Owens，1982）。因此，在研究报告中，研究者需要对自己的角色、个人身份、思想倾向、自己与被研究者之间的关系以及所有这些因素对研究过程和结果所产生的影响进行反省。

质的研究对伦理道德问题（ethical issues）非常关注，研究者需要事先征求被研究者的同意，对他们提供的信息严格保密。研究者需要公正地对待被研究者和研究的结果，恰当地处理敏感性资料。此外，研究者需要与被研究者保持良好的关系，并合理地回报对方所给予的帮助。

与其他的研究方法相比，质的研究具有非常明显的"平民性"。由于强调从当事人的角度看待问题，重视研究者个人与被研究者之间的互动，这种研究方法给参与研究的"人"（而不是某些先在的"理论"、"假设"或"测量工具"）

以极大的尊重。这种从事研究的态度使得研究与"人"的日常生活更加接近，使社会科学研究中本来应该具有的人文精神得到了肯定和倡导。正如法国社会学家布迪厄（P.13ourdieu）所认为的，社会学家们可以坚定地确立他们的福楼拜式的座右铭："好好地写写那些平庸无奇的世事人情吧！"（布迪厄，华康德，1998：342）笔者认为质的研究者遵循的也是这样一种原则。笔者的一位学生在学期结束后所作的研究报告中曾经就这一点谈到了自己的感受，对此笔者深有共鸣：

"这一研究（指他自己应课程要求刚刚完成的一项小型的质的研究）使我第一次感觉到学术和生活是如此地贴近，而每个人的经历又都是如此地精彩。它使我深深地被这一研究方法和它所体现的人文和平民精神所吸引，并让我对自身和许多自我固有的观念进行了反思。我第一次感到，做人与做学问竟可以如此地统一。

三、质的研究方法的理论基础

有学者认为，社会科学研究可以从四个方面来探讨其理论渊源：1）实证主义；2）后实证主义；3）批判理论；4）建构主义。从总体上看，这些理论范式主要是在本体论、认识论和方法论三个方面对一些重要的问题进行探讨。比如，在本体论方面，它们要回答的是"真实性"问题："现实的形式和本质是什么？事物到底是什么样子？它们是如何运作的？"在认识论的层面，这些范式探询的是"知者与被知者之间的关系"问题，即："知者是如何认识被知者的？"而对这个问题的回答又受到前面本体论方面的制约，即："知者和被知者之间相对分离的关系是否存在？"从方法论的角度看，这些范式需要解决的问题是："研究者是通过什么方法发现那些他们认为是可以被发现的事物的？"而对这一问题的探讨又受到前面本体论和认识论两个方面的制约，因为不同范式在这些方面的不同会导致对方法的不同看法和处理方式。下面的图表8-2-1对这四个理论范式在本体论、认识论和方法论三个方面的异同进行了一个简单的对比。

（一）实证主义

实证主义理论起源于经验主义哲学，是一种"朴素的现实主义"。存在客体之间的关系上，实证主义认为社会现象是一种客观的存在，不受主观因素的影响，不被知识、理论所过滤。主体和客体是两个截然分开的实体，主体可以使用一套既定的工具和方法程序获得对客体的认识。主体与客体、知者与被知者、价值与事实之间是二元分离的，不能相互渗透。在对客体的认识方式上，实证主义认为社会现象必须被经验所感知，一切概念必须可以还原为直接的经验内容，理论的真理性必须由经验来验证实证主义遵循的是自然科学的思路，认为事物内部和事物之间必然存在着逻辑因果关系，对事物的研究就是要找到这些关系，并通过理性的工具对它们加以科学的论证。

表8-2-1 社会科学探究范式的基本观点[①]

	实证主义	后实证主义	批判理论	建构主义
本体论	朴素的现实主义——现实是"真实的"，而且可以被了解。	批判的现实主义——现实是"真实的"，但只能被不完全地、可能性地得到了解。	历史现实主义——真实的现实是由社会、政治、文化、经济、种族和性别等价值观念塑造而成的，是在时间中结晶而成的。	相对主义——现实具有地方性的特点，是具体地被建构出来的。
认识论	二元论的/客观主义的认识论；研究结果是真实的。	修正的二元论/客观主义的认识论；批判的传统/研究群体；研究结果有可能是真实的。	交往的/主观的认识论；研究结果受到价值观念的过滤。	交往的/主观的认识论；研究结果是创造出来的。
方法论	实验的/操纵的方法论；对假设进行证实；主要使用量的方法。	修正过的实验主义的/操纵的方法论；批判的多元论；对假设进行证伪；可以使用质的研究方法。	对话的/辩证的方法论	阐释的/辩证的方法论

（资料来源：Guba & Lincoln，1994：109）

（二）"另类范式"（后实证主义、批判理论、建构主义）

质的研究因其自身的特点，与量的研究具有十分不同的理论范式。一般认为，质的研究主要基于另外三种"另类范式"（alternative paradigms），即后实证主义、批判理论和建构主义（Denzin & Lincoln，1994）。这三类范式是

---

①陈向明．教师如何作质的研究 [M]．北京：教育科学出版社，2001：15．

对科学理性主义的一种反动，提出研究探究的过程是一个知者和被知者相互参与的过程，知者本人看问题的角度和方式、探究时的自然情境、知者与被知者之间的关系等都会影响到研究的进程和结果。

1. 后实证主义

简单地说，后实证主义是一种"批判的现实主义"，它认为客观实体是存在的，但是其真实性不可能被穷尽。客观真理虽然存在，但是不可能被人们所证实。它就像一个被遮蔽在云雾中的山顶，一个人到达此处时，由于看不清周围的景物，无法轻易地确定自己是否已经站在山顶（K.Popper,1968:226）。我们所了解的"真实"永远只是客观实体的一部分或一种表象，所谓"研究"就是通过一系列细致、严谨的手段和方法对不尽精确的表象进行"证伪"，而逐步接近客观真实。根据波普（K.Popper,1968）的观点，证实与证伪之间的关系是不对称的，不论多少次证实都可以被一次证伪所推翻：只要找来一只黑天鹅，就可以推翻"凡天鹅都是白色的"这样一个被多次反复证实的"真理"。因此，我们无法通过对经验的归纳来证明某种理论，而只能对理论进行证伪。理性批判是知识增长的唯一途径，必须通过不断的"猜想与反驳"，才可能逐步接近真理。

根据笔者个人对后实证主义范式的了解，笔者认为可以将其分为两类，笔者将它们称为"唯物的后实证主义"和"唯心的后实证主义"。前者认为事物是客观存在的，不因人的主观意识而有所改变。由于目前人的认识能力有限，因此不可能认识其真实面貌。持这种看法的人一般采取"文化客位"的路线，从自己事先设定的假设出发，通过量或质的方法进行研究。后者认为客观事实（特别是被研究者的意义建构）客观地存在于被研究者那里，如果采取"文化主位"的方法便能够找到客观事实。他们大都采用质的方法，到实地自然情境下了解被研究者的观点和思维方式，然后在原始资料的基础上建立"扎根理论"。

2. 批判理论

批判理论是一种"历史现实主义"。在本体论上，它也承认客观现实的存在，但是在认识论上，它认为所谓的"现实"是历史的产物，是在历史发展进程中被社会、政治、文化、经济、种族和性别等因素塑造而成的。因此，研究者的价值观不可避免地会影响到被研究者。研究的目的是通过研究者与被研究者之间的对话和互动来超越被研究者对"现实"的无知与误解，唤醒他们在历史过程中被压抑的真实意识，逐步解除那些给他们带来痛苦的偏见，提出新的问题和看问题的角度。这是一种行动型的、带有强烈批判和道德倾向的研究。在这里，"不讲道德就是不道德"。

批判理论指导下的研究主要使用辩证对话的方式，通过研究者与被研究者之间平等的交流，逐步去除被研究者的"虚假意识"（false consciousness），达到意识上的真实。衡量研究质量的标准不是证实，也不是证伪，而是消除参与者无知和误解的能力。比如，研究者应该问的问题是："被研究者通过与我们进行辩证对话是否获得了自知和自我反思的能力？他们是否在认知、情感和行为上变得更加自主、更加愿意自己承担责任了？他们是否在强权面前变得更加有力量了？"

布迪厄在介绍自己的一项研究时所说的一段话可以用来说明批判理论者所强调的研究的"批判"和"解放"功能（布迪厄，华康德，1998：264-265）。在这项研究中，他通过与各种不同的、占据着社会世界中战略性位置的"实践专家们"（如警察、社会工作者、工会活动家、法官）交谈，从这些"活生生的、具有自发性知识的宝库"中了解了社会运行的机制。

"在充分地了解了个人的社会阅历和生活背景之后，我们就可以进一步进行非常详尽的、高度互动的深度访谈，以协助被访者发现和表述他们生活中所存在的惨痛的悲剧或日常的不幸背后所潜藏的规律，帮助他们摆脱这些外在现实的禁锢和袭扰，驱散外在现实对他们的内在占有，克服以'异己'的怪兽面目出现的外在现实对人们自身存在之中的创造力的剥夺。"

3. 建构主义

与以上范式不同，建构主义者不是现实主义者，他们在本体论上持相对主义的态度。在建构主义者看来，所谓"事实'，是多元的统一，因历史、地域、情境、个人经验等因素的不同而有所不同。因此，用这种方式建构起来的"事实"不存在"真实"与否，而只存在"合适"与否的问题。因为我们只可能判断某一个行为或一种想法是否达到了自己的预期,而无法知道它们是否"真实"（vonGlasersfeld，1993：29）。研究者与被研究者之间是一个互为主体的关系，研究结果是由不同主体通过互动而达成的共识。正如加达默尔（H.Gadamer，1994）所指出的，"领会"不是主体对客体的认识，而是不同主体之间"视域的融合"。意义并不是客观地存在于被研究的对象那里，而是存在于研究者和被研究者的关系之中。每一次理解和解释都是对原有阐释的再解释，这是一个解释的螺旋，可以永无止境地解释下去（Osborne,1991）。因此，研究者要做的不是进入被研究者的头脑（事实上这也是不可能的），而是通过反思、"客观地"审视和领会互为主体的"主观"。在这里，本体和认识、主观和客观、知者和被知者、事实和价值之间的界限已经不存在了。研究是一个交往各方不断辩证对话而共同建构研究结果的过程，不是为了控制或预测客观现实，也不是为了改造现实，而是为了理解和建构——在人我之间、个体和世界之间、过去和现在之间建构起理解的桥梁。通过主体之间的理解，人类将扩大自身描述和解释事物的认知结构和叙事话语。

建构主义者认为，不带"倾向"的理解实际上是一种对理解的不合适的理解，所谓"理解"和"解释"之间的区别实际上是不存在的。人们看待事物的方式决定了他们所看到的事物的性质（Goodman，1978）。研究者个人的思维方式、使用的语言和解释原则必然（也必须）符合他们生活中基本的、约定俗成的规范，否则便不可能对研究的现象进行任何意义上的阐释，更不可能与他人进行交流。比如：当我们看见在一个房间里有一些七八岁的孩子一排排地坐在桌子后面，手里拿着书，眼睛望着前面一位正在说话的成年人，我们马上会将这一场景解释为"上课"。而我们对这一事物的理解是基于我们对自身文化的了解和认同之上的。如果我们从来没有在这个星球上居住过（像外星人），或者我们从来没有上过学或者目睹过此类场面，我们有可能将其解释为"一些孩子坐在一个屋子里，前面有一个大人在讲话"。或者更有甚者，我们对"孩子"、"坐"、"屋子"、"大人"、"讲话"这些概念都会有不同的解释。

总之，质的研究来自很多不同的理论和实践传统。正是由于这些丰富多彩但又在很多方面相互矛盾的传统，质的研究本身在其不同层面、不同角度、不同部分都表现出冲突和张力，因而也就孕育着巨大的发展潜能。

第二节 教育质的研究方法的分类

一、质的研究的准备阶段

（一）质的研究的设计

质的研究设计的主要内容一般包括如下几个大的部分：1）研究的现象和问题；2）研究的目的和意义；3）研究的情境；4）研究方法的选择和运用；5）研究的评估和检测手段。在设计阶段，对研究的问题、目的和情境进行讨论是最重要的，其他部分则更加依赖于研究的具体进程，在设计阶段只能做一些初步的猜想。因此，本章的重点将放在研究的问题目的和背景知识方面，对其他部分只作一些简单的介绍。

1. 界定研究现象

一个研究的问题总是来自一定的研究现象。因此我们在选择具体的研究问题之前首先需要确定自己的研究现象。所谓"研究现象"指的是研究者希望集中了解的人、事件、行为、过程、意义的总和，是研究者在研究中将涉及的领域范围。研究的现象就像是一张地图，事先为研究的范围划定一定的地域和边界。与研究的问题相比，研究的现象更加宽泛一些，后者限定了前者的范围，前者产生于后者，是从后者中提升出来的一个比较具体、集中的焦点。

如何选择和确定自己的研究现象？通常在选择研究现象之前我们需要特意为自己留出一段比较长的时间，认真、细致、安静地对如下问题进行思考：我的研究的空间在哪里？哪些方面的问题能够使我兴奋起来，一想起来就激动不已？为什么我会对这些问题如此感兴趣？这些问题与其他哪些方面的问题有关系？他们之间是什么关系？在这些问题之上和之外是否存在我更加关心的问题？我提出这些问题是否与我自己的终极关怀有关系？有什么关系？找到了自己的兴趣所在以后，我们便可以着手对研究现象的范围进行界定了。一般来说，在设计阶段，研究现象的范围应该比较宽泛，以免排除掉其他重要的可能性。研究开始以后，随着问题的不断深入，可以逐步缩小研究范围。质的研究的过程是一个不断聚集的过程，需要研究者随机应变，随过程的变化不断调整镜头缩小聚集的范围。比如，如果我们在设计时发现自己对中国女大学生的自我意识感兴趣，可以首先将研究的现象限定在这个范围；今后在研究的过程中如果我们发现自己对这些女大学生的自我意识中自信心的建立和变化尤为感兴趣，便可以将主要关注点放到"中国女大学生的自信心"上面。

此外，我们不要考虑自己研究的现象在现有条件下是否可行。比如，可能你对某一地区的文化习俗非常感兴趣，阅读了不少这方面的资料，非常希望对这个现象进行研究，但是由于上课期间你并不具备这个条件亲自到该地区实地调查，而你的课题又必须在近期完成，最后可能就不得不中止这个选题。

2. 确定研究的问题

在界定了研究现象以后，我们需要确定研究的具体问题。如上所述，我们选择的研究现象可能是一个比较宽泛的领域，但是在进行设计的时候，我们必须在这个宽泛的领域里寻找一个主要的、具体的、可以不断会聚的焦点，这便是我们的研究问题。

(1) 寻找研究的问题

寻找研究的问题是一个不断聚集的过程，从开始一个比较宽泛的视野，逐步缩小关注的范围，最后集中到自己认为最重要的一个或数个问题上。

质的研究的问题应该是"有意义的问题"，一是研究者对问题确实不了解，希望通过此项研究对其进行认真的探讨；二是该问题所涉及的地点、时间、人物和事件在现实生活中确实存在，对被研究者来说具有实际意义，是他们真正关心的问题。而且，质的研究的问题也是不断完善和修改的，比如，陈向明老师的博士论文研究问题在设计的时候是这样界定的："中国留学生在中国是如何定义和形成'朋友'关系的？来到美国以后他们在交朋友方面的文化概念和行为方式有哪些变化？"结果，在美国前六个月的调查中，她的研究对象都说他们还没有交上任何中国意义上的"朋友"。因此，笔者将研究问题的范围从"交友"扩大到"跨文化人际交往"，研究的题目改为："中国留学生是如何和美国人交往或交友的？这些经历对他们来说意味着什么？"

在找到了"有意义的问题"以后，我们还需要选择适合质的研究的问题类型。首先，要考虑所选择的问题是属于"概括性问题"还是"特殊性问题"。前者是一个指向某一特定人群、对其具有一定普遍意义的问题；后者指的是由某一个特殊个案所呈现的问题，不具有普遍代表性。比如"2000年城市中小学学生上网吧现象有所增加"即是一个概括性问题，而如果我们只选择一个城市进行个案研究，研究一个城市内学生上网吧的情况，并不特别关心该城市的情况是否代表其他城市的情况，那么我们提出的问题就是一个"特殊性问题"。在质的研究中，"概括性问题"和"特殊性问题"都可以选择，但一般倾向于选择后者。质的研究认为，小样本的研究结果很难代表整体，"野心"过大反而会"欲速则不达"。独特的个案虽然不能证实整体情况，但是可以为人类提供新的知识内容和新的认识事物的方式。

其次，我们还要考虑自己选择的问题是"差异性问题"还是"过程性问题"。前者探讨的是事情的异同及其相互关系，如"某大学的学生对希望工程是否支持？"寻求的答案是"是"或"否"。后者探究的是事情发生和发展的过程，如"某大学的学生在希望工程的发展进程中起到了什么作用？"目的是了解中国大学生在这个过程中做了什么、如何做的、起到了什么作用。此类问题也可以称为"情境性问题"，是在特定情境中（如某大学）对某一特定现象（如大学生对希望工程所起的作用）进行的研究。一般来说，"差异性问题"比较适合量的研究，"过程性问题"比较适合质的研究。如果在质的研究中过于专注"差异性问题"，很容易导致对社会现象进行人为的分割，将事情简化为各种变量及其相关关系，忽略事物的复杂性和动态过程。

再次，我们需要考虑自己的研究问题是否属于下列类型：

①描述性问题：对现象进行描述，如"某大学是如何帮助聘余人员再就业的？"

②解释性问题：也称"意义类问题"，从当事人的角度对特定现象进行解释，如"某大学安排聘余人员再就业的举措对这些人员自己意味着什么？"

③理论性问题：对特定现象进行理论上的探讨，如"某大学安排聘余人员再就业的举措对人力资源理论有何贡献？"

④推论性问题：探讨此研究结果是否适合其他类似场合，如"某大学安排聘余人员再就业的举措是否适合中国其他大学？"

⑤评价性问题：对所研究的现象进行价值判断，如"某大学安排聘余人员再就业的举措好不好？"

⑥比较性问题：对某一现象中两个以上的类型进行比较，如"A大学与B大学在安排聘余人员再就业方面有什么不同的举措？效果有什么不同？"

质的研究比较适合于"描述性问题"和"解释性问题"，因为这两类问题可以对现象的状态和意义进行探究。"理论性问题"首先容易先入为主地将前人的理论生硬地套到研究的现象上面，应该谨慎使用。"推广性问题"和"评价性问题"不宜作为质的研究探讨的对象，因为质的研究不强调研究结果的推广，也不冒然对研究的结果进行价值评价。"比较性问题"虽然可以同时包容比较丰富的内容，但是研究新手应该避免此类问题。除难度较大以外，"比较性问题"容易使我们着意寻找那些具有可比性的资料，而忽略那些没有可比性、但对于理解该研究现象却十分重要的资料。

最后，我们还应该谨慎处理"因果类问题"，即那些对事情的前因后果直接进行探寻、以"为什么"开头的问题，如"为什么北京市很多大学教师外流？"质的研究不是不能对因果关系进行探究，但是如果我们在研究一开始就着意寻找事物发生的原因，很容易忽略那些非因果关系的资料。事情之所以发生不一定与其他事情之间有必然的因果关系。"北京市教师外流"这个"果"中可能有很多辛酸的故事和复杂的情节，不可能被简单地归纳为几条明确的"因"（如"工资待遇太低"、"没有住房"、"工作不受重视"等）。相比之下，比较合适的研究问题可以是："北京市大学教师外流表现为什么状况？""北京市大学教师是如何外流的？"通过询问"什么？"和"如何？"这类问题，我们可以间接地对事情的因果关系进行一种情境化的、过程化的推论。而通过这种方式得到的因果关系往往比直接询问所得到的回答更加"自然"、"真实"和"丰富"。

（2）界定研究问题

选择了合适的问题类型以后，我们需要对其进行界定和表述。原则上说，质的研究问题（像其他类型的研究问题一样）应该限定在一定的范围之内，不能太宽，也不能太窄。而什么是"太宽"和"太窄"取决于研究中其他方面的因素，如研究的时间、地点、研究者人数、被研究者人数、研究事件的多寡、研究的方法类型等。假设一名南京师范大学附中学生有 3 个月的时间和 5000 元人民币资金作一项有关校园文化的研究，如果他选择"中国不同类型学校校园文化比较"作为自己的研究问题，这显然就"太宽"了。而如果他将研究的问题改成"南京师范大学附中学生社团负责人领导风格研究"，也许就比较可行了。

有的研究问题不是因为我们时间或资金不足（如上例所示），而是因为问题本身的范围限定得不清楚，使人难以明确研究的重点和边界所在。比如，笔者的一名学生曾经计划对"北京师范大学的教学工作"进行研究，而"教学工作"这个概念范围十分宽泛，既可以包括本科生和研究生的教学工作，也可以指成人教育中的教学工作；既可以包括教师对教材的选择和编写，也可以指教师的具体教学活动；既可以包含教师与学生在课堂上的互动，也可以指教师在课外对学生的辅导。这位学生对自己究竟要探讨其中哪些方面的内容不太清楚，在研究问题中没有给予明确的界定，因此感觉没有重点，不知道下一步该怎么走。

确定了研究问题的范围以后，我们还需要对其进行语言表述，特别是表述的具体／概括程度。比如，如果我们计划向红旗小学的 10 位教师了解他们对自己教学工作的看法，我们是应该将研究的问题表述为"红旗小学 10 位教师对自己工作的看法"，还是"小学教师对教学工作的看法？"显然，前者更确切。质的研究更注重研究问题的范围，而前者更确切地限定了研究的范围。为了使我们的研究问题不显得如此"琐细"，我们可以在计划书和研究报告里使用后者，但是在对问题的说明部分应该明确指出，这里所说的小学仅指红旗小学，教师仅指"红旗小学 10 名被抽样的教师"。

　　研究的问题进行表述以后，我们还需要对其中的重要概念进行定义，使这些概念在研究中具有可操作性。比如，如果确定研究问题是"大学生的心理适应问题研究"，我们需要说明这里所说的"大学"是什么类型的学校，是否包括大专、私立大学、民办大学，是否局限在中国境内，是否只在某一个城市，具体指的是哪（几）所大学；"大学生"具体指的是什么人，他们是几年级的学生，学什么专业，他们的性别、民族、家庭背景是什么；"心理"包括哪些方面，是否指的是情感、意志和认知；"适应"指的是一种什么状态，"不适应"又是一种什么状态（比如，"抑郁"的表现可以是"食欲不佳，睡觉不稳，面部表情低沉"等）；"问题"指的是什么；"研究"指的是什么类型的研究，等等。除了给重要概念定义以外，我们还应该说明自己是如何获得这些定义的；如果这些概念尚未被学术界明确定义，自己打算如何对其进行定义；自己为什么选择如此进行定义；如果在研究过程中发现此定义不符合实际情况，自己打算怎么办。

　　对研究问题中重要的概念进行定义以后，我们还需要列出该问题的核心部分及其下属子问题。沿用上面"大学生的心理适应问题研究"，其子问题可以是：这些大学生初入大学时是如何适应的？他们在适应过程中遇到了什么困难？采取了哪些应对措施？这个适应过程对他们的学习生活以及他们个人的自尊和自信有什么影响？学校对大学生的心理适应可以提供什么帮助？

　　3. 明确研究目的、意义

　　"研究的目的"指研究者从事某项研究的动机、原因和期望，可以分成三种类型：个人目的、实用目的、科学研究目的。"研究的意义"可以分成理论意义和实践意义，前者指的是本研究对有关理论建树的贡献；后者指的是本研究对改善有关现状的具体作用。因二者关系非常密切，对目的进行讨论时便隐含了对意义的探讨，因此，只对目的进行探讨。

（1）个人的目的

个人的目的指的是促使研究者从事研究的个人动机、利益和愿望，如希望改变现存的社会制度，对某一社会现象感到好奇，希望亲身体验一下从事某类研究的滋味，通过发表研究成果提高自己的声誉，把研究经历作为报考研究生的一个筹码。如果一项研究主要是为了"个人"的目的，研究的设计以及对研究结果的解释往往很大程度上受到个人倾向的影响。在量的研究中，个人的目的往往是被忽略不计的。但是在质的研究中，个人的关怀不仅不被认为是一个障碍，而且被认为是一笔宝贵的财富，可以为研究提供灵感、理论和资料。因此，我们应该做的不是抛弃或否认自己的个人目的，而是想办法积极地利用它们。

（2）实用的目的

实用的目的指的是研究者通过此项目可以完成某些具有实际价值的任务，如改变现存的不良现象，揭示有关问题，解决某些困难，完成某项工作，向有关机构提供决策指导等。

（3）科学研究的目的

这种研究通常是为了了解有关事情发生的原委、过程和效果，加深对有关问题的理解，为人类知识的增长作贡献，为本研究领域提供新的信息、理论和研究方法等。如果研究的主要目的是为了"科学研究"，那么研究者可能受本领域学术权威的影响比较大，可能将一些理论作为先入为主的假设，希望在研究过程中验证或批驳这些假设。这种对"纯科学"的偏好可能会掩盖研究本身的政治意义和个人动机，忽略研究给研究者本人和被研究者有可能带来的思想上和情感上的冲击以及生活上的改变。

4.调查研究现状

有关本研究的现状调查，我们至少需要了解三方面的内容：前人有关的研究成果；我们自己与本研究有关的经验；我们自己对本研究的设计思路。这三方面的内容相互交织，共同构成了我们的问题视域。

（1）前人的相关研究成果

检索相关文献是为了回答如下问题："前人在这个领域已经进行过哪些研究？我的研究在这个领域里处于什么位置？通过此项研究我可以作出什么新的贡献？如果此研究问题前人还没有涉及，我的研究可以如何填补这一空白？如果前人已经作过研究，我的研究可以提供什么新的角度和看法？如果前人在探讨此问题时存在明显的漏洞和错误，那么我的研究可以如何对这些谬误进行纠正？"

文献检索应首先检索与自己的研究问题有关的领域，同时关注相关领域的主要理论和研究发现。比如，如果我们希望对"中国农村小学生辍学问题"进行研究，检索的重点可以是前人有关辍学的理论和发现以及中国农村中小学生辍学的现状；与此同时兼顾其他相关领域，如中国农村的基本情况（包括社会、文化、政治、经济、家庭、个人各个方面）、中国的教育总体状况（如入学率、升学率、教育投入、教育质量、师资水平、教学设施、学校管理、中国的义务教育政策和措施等）。

在设计阶段，文献检索可以相对宽泛、粗略一点，不必花费大量时间被一些具体的细节纠缠不清。研究项目在这个阶段尚未完全定型，过多地纠缠细节可能会使我们误入歧途，"捡了芝麻丢了西瓜"，"见树不见林"。设计阶段的当务之急是对有关文献获得一个大概的了解，今后随着研究的深入，如果需要了解某些文献的具体内容，可以再回去仔细查阅。

在如何使用前人的理论方面，质的研究者内部存在争议。有学者认为，在设计阶段就开始阅读有关文献可以为自己作理论上的准备，可以指导自己对研究结果进行联想，是一个锻炼思维的好机会。与此同时，很多研究者也指出，在使用前人理论的同时要特别注意防止"意识形态霸权"。在质的研究中使用理论不是为了用来指导自己的研究设计，也不是为了证实这些理论是否"正确"或"错误"，而是为了帮助自己找到研究的问题，提出新的看问题的角度，提供新的分析资料的思路。了解前人的理论可以使我们自己的触角更加敏锐，更加容易捕捉问题和自己的灵感，也可以用来丰富自己已经建构的理论。

有关文献检索的时间问题，有人认为应该在研究开始之前进行，因为前人的理论可以为研究设计提供指导；有人认为应该在研究的过程中进行，因为前人的理论可以指导自己从事研究；还有人提倡在收集资料之后再了解前人的理论，因为过早使用这些理论会妨碍自己建构扎根理论。像质的研究中其他的部分一样，文献检索也应该是一个不断演化发展的过程，既应该在研究开始之前，也应该在研究开始之中和之后进行。

（2）研究者本人的经验

"研究者本人的经验"指的是研究者本人与研究问题有关的个人经历以及自己对该问题的了解和看法。质的研究认为，研究者的个人生活与工作是不可能截然分开的，任何观点都必须透过一定的视角才能形成，而研究者的视角与自己个人过去的生活经历和看法之间存在着密切的关系。

（3）设计思路

"设计思路"指的是根据我们目前已有的知识对本研究提出的初步设想，主要包括重要的概念和命题及其相互之间的关系。设计思路可以用语言和图表表现出来。研究开始之前理清思路，是为了促使我们用比较简洁、直观的方式将研究问题所包含的重要内容呈现出来。

我对这个研究问题已经有了哪些理解？

这些理解是否可以形成一些概念？这些概念可以组成什么命题？

这些概念和命题之间存在什么关系？

这些关系是否可以形成一个大的理论框架？

我可以如何来勾画这个理论框架？

还可能有什么不同的画法？不同的概念图可能导致什么不同的结果？

5．选择研究方法

在对研究方法进行选择时，我们应该有意识地寻找研究问题与方法之间的匹配关系。一种选择方法的练习是回溯法，即询问自己，"通过这项研究我究竟想要获得什么样的研究结果？"此类问题迫使我们首先在脑子里设想自己今后有可能获得什么样的研究结果，然后回过头来设想自己可以采用何种方法和步骤来获得这些结果。

在设计阶段对方法进行选择是需要的，但如果决定过于明确，则容易使我们缺乏灵活性和应变性。研究方法的选择只能在研究进行时才可能最后确定，进行考虑只可能是初步的、猜测性的，并留有充分的余地。

从实际操作的层面看，研究方法主要由如下几方面组成：进入现场的方式、收集资料的方法、整理和分析资料的方法、建构理论的方式、研究结果的成文方式等。

（1）进入现场的方式

在设计进入现场的方式时，我们需要认真考虑："我应该如何进入研究现场？我可以如何与被研究者取得联系？我应该如何向对方介绍我自己和我的研究？我为什么要这样谈？他们会如何看我？他们会对我的研究有什么反应？为什么会有这些反应？如果在他们之上还有领导把关，是否应该获得这些人的同意？到达实地以后我打算如何与各类人员协商关系？在研究的过程中我怎么与被研究者始终保持良好的关系？"

（2）收集资料的方法

质的研究中收集资料的方法十分丰富，如访谈、观察、实物分析、口述、叙事分析、历史法等，其中最常用的是前三种，本章只重点介绍访谈法。选择收集资料的方法在很大程度上取决于研究的问题、目的、情境、可能获得的资源。例如，如果研究的问题涉及小学教师如何看待自己的教学工作，就应该以访谈法作为收集资料的主要手段。

（3）整理和分析资料的方法

质的研究十分重视根据资料本身的特性来决定整理和分析资料的方法，因此我们只能根据自己以往的经验以及前人使用过的方式，预想自己将来收集的原始资料可能是什么类型、具有什么特点，以此来推断自己可以用何种方式来对资料进行整理和分析。

（4）建构理论的方法

我们在设计中会尝试探讨一些问题，如自己将如何为研究的结果做结论，如何在结论和资料证据之间建立起联系，如何保证研究的结论具有一定的可信度和说服力，如何在自己研究的基础上建构区域性理论，自己的理论与前人的理论之间是什么关系，自己是否可以在分析资料的基础上建立一个扎根理论，以便对同类事物进行理论上的阐释等。

（5）成文的方法

虽然我们在设计时无法确切地知道自己的研究结果将来会是什么样子，因此更加难以决定以什么方式来呈现自己的研究结果，但是如果我们在设计时就对研究的结果进行预测，将有助于我们现在进行研究。比如，如果我们估计今后研究的结果将以文字的形式表现出来，那么我们就应该特别注意访谈资料的整理以及观察笔记的记录；如果我们今后有可能结合图片和录像的形式表现研究结果，现在则应该注意收集影像方面的内容。在研究设计阶段我们还需要说明，自己选择什么写作方式，为什么选择这种写作方式，如果用不同的方式写将会对此项研究产生什么不同的结果。当然，这些猜测都只可能（也应该）是极其初步的，否则将会对研究的过程产生过多的约束和限制。

6. 确定研究结果检测手段

在设计阶段，我们还要考虑如何对研究的质量进行检测，其中包括结果的真实可靠性、代表性以及有关的伦理道德问题。由于研究尚未开始，在研究设计中便讨论结果的检测问题显然是"纸上谈兵"。但是，这种"谈"还不得不谈，因为它可以促使我们认真地思考有关问题，从研究一开始就"小心翼翼、战战兢兢",认真细致地对待自己的每一个决策和行动。

(1) 效度问题

首先,应该考虑的是:"我的研究结果是否会是真实的?我如何知道它们是否真实?我在研究的过程中有可能在真实性方面犯哪些错误?我将如何排除(或减少)这些错误?我的研究结果可以找到哪些其他类型的解释?我的研究结果有可能存在哪些不真实的信息?我将如何对待和处理这些不真实的信息?如果我继续在实地收集资料,这些资料可以如何支持我所做出的结论?我如何使自己的研究结果令人信服?为什么别人要相信我的研究结果?如果我采取不同的方式进行此项研究会获得什么不同的结果?

(2) 信度问题

"信度"指的是研究结果的可重复性。质的研究将研究者作为研究的工具,强调研究者的个人的独特性和唯一性。即使是在同一地点、同一时间,就同一问题对同一人群所作的研究,研究的结果也可能因不同的研究者而有所不同。正如赫拉克利特所说,人不可能两次踏入同一条河流,我们也不可能让一件事情两次以同样的方式发生。

(3) 推论问题

由于质的研究采取的是目的性抽样的原则,而且样本通常都比较小,其结果很难在量的研究的意义上进行"推论"。

在研究设计阶段,我们需要说明:研究的结果属于"地方性知识",只局限在样本本身,不奢求推论到抽样总体。但是,如果读者在阅读研究报告时得到了思想上的共鸣,便产生了一种认同性推广。而如果本研究建立的理论具有一定的解释性,也可能起到理论性推广的作用。质的研究结果的推论还可以通过积累,对每一特殊个案的研究所获得的知识可以为人类提供新的认识事物的方式。

(4) 伦理道德问题

虽然我们将伦理道德问题放到最后一节进行讨论,但实际上这个问题贯穿于研究的各个方面和全过程,是一个十分重要的问题。伦理道德问题主要包括自愿原则、保密原则、公正合理原则、公平回报原则等。在设计时，我们应该充分考虑，自己的研究在这些原则方面可能会犯哪些错误，或可能会遇到什么困境，并且设想自己可以通过什么途径处理或解决这些困难。比如，我们应该明确说明，自己是否会对被研究者的身份严格保密，是否打算与对方分享研究结果，如何回报对方的帮助和支持。

（二）选择研究对象

研究对象不仅包括人，即被研究者，而且包括被研究的时间、地点、事件等。因此，在研究开始之前，我们就应该问自己："我希望到什么地方、在什么时间、向什么人收集什么方面的资料？我为什么要选择这个地方、这个时间和这些人？该信息可以如何回答我的问题？"

质的研究因其特性，使用的是"非概率抽样"中的"目的性抽样"，即抽取那些能够为本研究问题提供最大信息量的样本。在选择样本的时候，我们需要根据研究的问题和目的决定抽样的标准。例如，如果研究的问题是"乡村小学代课女教师培训的需求"，重点是了解那些没有接受过正规师范教育、工作以后从来没有接受过培训、目前在乡村小学代课的女教师的职业发展需求，那么我们除了挑选在乡村小学代课教音乐的女教师以外，可能还需要考虑其他一些抽样标准，如受教育程度和类型、年龄、工作年限等。

（三）进入研究现场

进入研究现场不是一个一次性的工作，不能一劳永逸。虽然在研究开始时我们成功地进入了现场，受到了被研究者的接纳，但因为种种无法预料的原因，这种关系可能在研究的过程中变质，需要不断地修补甚至重建。

1.接触研究对象

在进入现场之前，我们首先需要获得被研究者的同意。一般来说，如果我们只对一些个人进行研究，不涉及他们所属的单位，可以直接与这些人联系。例如，如果我们计划对某地区的部分教师进行访谈，了解他们的教学观念，我们可以通过他们的同事、熟人、朋友或家人与他们联系，或直接询问他们是否愿意参加。但如果我们是对一个社会机构进行个案调查，那么必须获得所在机构领导的批准。假设我们计划向一所中学的部分教师进行访谈和观察，了解他们的教学情况，就必须事先获得学校领导的同意。

有时候，我们需要对方以书面的形式表示同意被研究者参加研究项目，如小学生需要父母签字。在这种情况下我们可以事先设计一份"同意书"，请有关人员签字。"同意书"包括对研究项目和研究者本人的简单介绍、被研究者的职责、研究的意义、研究结果的处理方式等。同意书应该特别强调自愿原则和保密原则。如果可能，我们应该设法在进入现场之前了解当地的权力结构、人员关系以及一般认可的行为规范，特别是那些有权决定被研究者是否参加的人是谁。

在大街和幼儿园之间进行区分比较容易，可是有时候新手们很难确定被研究的地点是属于"封闭型"还是"公开型"。比如，如果我们希望到一个商店了解产品的包装质量，是否应事先征得商店经理和服务员的同意呢？如果我们计划到一食堂里观察就餐人员的互动关系，是否要获得食堂管理人的批准呢？我们可能很容易就回了说："没有必要。"因为我们并不会影响商店的正常营业，也不会妨碍食堂里的人们就餐。但是，假设我们在商店里一转是几个小时，拿起一件商品琢磨半天，那么会不会引起售货人员的注意，以为我们是想偷东西呢？又比如，如果我们在食堂架起了一台录像机，对食堂里就餐的人们进行近距离的观察，那些就餐的人们会不会感到十分恼火呢？

因此，对"公共"和"封闭"这一对概念的定义不仅仅在地点本身的性质（如大街没有明显的所属管理机构，而幼儿园则有比较明显的管辖边界），而且在于研究者个人的行为。上面商店的例子中，我们之所以引起了售货员的注意，不仅是因为身在商店，而主要是因为我们的行为与众不同。如我们只是像一般的顾客一样，对架子上的商品端详片刻便离开，就不会引起注意了。

（1）与被研究者交流

在与被研究者接触时，我们需要介绍自己和自己的研究项目。一个基本的原则是：提供足够的信息，避免对方产生不必要的猜忌或好奇；但要适可而止，过多或过少都不合适。除自我介绍外，我们还应该就研究的时间、地点等具体事宜与对方达成共识。有时，被研究者可能会提出一些要求，如阅读我们收集的资料和研究报告，希望了解本研究到底有什么用，对他们有什么实惠，在这种情况下，我们应该坦率、如实地回答对方。

（2）选择进入现场的方式

进入现场的方式有隐蔽式进入、逐步暴露式进入、实地自然进入三种方式。研究者可以根据研究的问题特点选择合适的方式进入。

二、质的研究的资料收集——访谈

（一）访谈的概念

访谈是研究者"寻访"被研究者并且与其进行"交谈"的一种活动。由于质的研究涉及到人的理念、意义建构和语言表达，因此"访谈"便成为质的研究中一个十分有用的收集资料的方法。

访谈有很多不同的方式，质的研究主要采用开放型和半开放型访谈。开放型访谈通常没有固定的访谈问题、访谈看法。访谈的形式不拘一格，可根据当时情况随机应变。访谈的目的是了解受访者自己认为重要的问题、他们看待问题的角度以及对问题所作的解释。在半开放型访谈中，访谈者对访谈的结构具有一定的控制，根据自己的研究设计对受访者提出问题，但同时鼓励受访者参与，提出自己感兴趣的问题。在质的研究中，访谈者在研究初期往往使用开放型访谈，随着研究的逐步深入逐步转向半开放型访谈，就前面开放型访谈中出现的重要问题进行追问。

（二）访谈前的准备工作

访谈前的准备工作一般包括设计访谈提纲和与受访者商量有关事宜，如访谈时间和地点、访谈时间和地点的选择、访谈的次数和长度、是否录音等。通常，我们在设计访谈提纲的时候，并不知道什么访谈问题比较适合受访者的实际情况，往往只能根据自己的经验进行猜测。因此，访谈提纲中列出的问题应该尽量保持开放，使受访谈者有足够的余地选择谈话的方向和内容。如果访谈提纲过于封闭，很容易使我们束手无策。

在访谈开始之前，我们需要与受访者协商访谈的时间和地点，尽量以对方的方便为主。这一方面是为了表示对对方的尊重，另一方面也是为了使对方在自己选择的时间和地点感到轻松、安全，可以比较自如地表现自己。选择的地点应该比较僻静，避免过多的人员来往和噪音干扰。

此外，我们还应该就访谈的次数和时间长短与对方进行磋商。通常遵循的一个原则是：收集的资料要尽可能达到饱和，如果在后续访谈中得到的资料只是对以前收集到的资料的重复，那就说明访谈的次数已经够了。有人认为，如果要对有关问题进行比较深入的探讨，起码应该进行三次访谈：第一次访谈主要粗略地了解一下受访者的个人经历，访谈的形式应该尽量开放，让对方用讲故事的方式叙述；第二次访谈主要就研究的问题询问受访者有关的情况，了解事情的有关细节；第三次访谈主要请受访者对自己的行为进行解释，在受访者的行为、思想和情感反应之间建立起联系。

有关每一次访谈时间的长短，我们也应该事先与受访者协商，以便他们安排自己的时间或协调其他的活动。一般而言，每次访谈的时间应该在一个小时以上，但最好不要超过两个小时。与研究者交谈两个小时以上往往会使受访者感到十分疲劳，如果不及时打住可能会使其产生厌倦情绪，甚至可能认为研究者"不近人情"。如果受访者产生了负面的情绪，思维活动有可能趋于缓慢乃至停滞，这显然不利于我们今后进一步与其合作。当然，如果受访者自己兴趣盎然，希望在两小时以后继续交谈，访谈也可以继续进行下去。

在访谈开始之前，我们还应该与受访者探讨是否对访谈进行录音。一般来说，如果条件允许，而受访者又没有异议的话，最好对谈话内容进行录音。由于质的研究强调使用受访者自己的语言对他们的意义进行分析和再现，录音可以帮助我们日后分析资料和撰写报告。此外，录音还可以使我们从记笔记的负担下解放出来，将全部注意力放在受访者身上。但是，如果良好的访谈关系尚未建立起来，受访者感到不安全，录音有可能使他们感到紧张不安，甚至选择隐瞒那些今后有可能给他们带来不利后果的信息。另外，有的受访者可能觉得谈话被录音是一件非常重要的事情，有可能今后"名垂千古"，因此在谈话的时候尽量使用比较正规的语言，有意避免自己的日常用语。

提问、倾听、回应可以被认为是访谈中的三项主要工作，它们在实际操作时是相互交融、密不可分的。在很多情况下，回应的方式就是提问的方式，只是前者更加强调与受访者之间的关联，而后者更多地出自我们自己的策划。倾听则对提问和回应都具有指导性的作用，因为不会倾听就不会回应和提问。如果我们听不到受访者的真实意图，根本无法进入对方的内心世界，也就不可能对对方的意图做出积极的回应和进一步的探询。

"如何开始访谈？"回答可以有很多种。一个重要的原因是：尽可能自然地、结合受访者当时的具体情形开始访谈。例如，我们可以先与受访者聊聊天，询问一下对方的个人情况、家庭背景和生活工作情况。如果合适的话，双方也可以谈共同感兴趣的话题（如球赛、国家大事、衣着等）先闲聊一会。如果我们走进访谈的地点（如受访者的家）时，对方正在做事（写作业、缝衣服、看电视），我们也可以就这些事情挑开话题，如"你在做什么作业呀？你缝的衣服真漂亮。电视上有什么节目啊？"这么做可以使气氛变得比较轻松，增进交谈双方的情感交流，消除或减少双方心理上的隔膜。在双方建立了一定的关系以后，访谈就可以正式开始了。

访谈的问题可以千变万化，依研究的问题、访谈者的个性、受访者的个性以及当时的情境而有所不同。常用的一些访谈问题可以按如下标准进行分类：按问题的语句结构可以分成开放型和封闭型；按问题所指向的回答可以分成具体型和抽象型；按问题本身的语义清晰程度可以分成清晰型和含混型。

（1）开放型与封闭型问题

开放型问题指的是在语句上具有开放的结构、在内容上没有固定的答案、允许受访者作出多种回答的问题。这类题通常以"什么"、"如何"和"为什么"

之类的词语为语句的主线，如："您对高校入学收费有什么想法？你们学校是如何收费的？你们学校为什么这么收费？"而封闭型问题指的是在语句结构上对回答方式和内容均有严格限制、其回答往往只有"是"或"否"两种选择的问题，比如："您认为高校入学收费合理吗？你们学校对每个学生都收费吗？是不是国家有规定要求这样收费？"

很显然，在质的访谈中，封闭型问题应该尽量少用研究中访谈的目的是了解受访者看待问题的方式，因此访谈问题不仅在结构上还是内容上都应该灵活，为受访者用自己的语言表达自己的想法留有充分的余地。封闭型问题首先在结构上就限制了回答者的选择，不能由衷地表达自己的想法。比如，在上例中，当被问及："认为学校入学收费合理吗？"时，受访者只能说"合理"或"不合理"，尽管受访者可能对高校入学收费的问题有很多自己的看法（如"对富裕家庭的孩子而言，收费是合理的；对热门专业来说，收费也是合理的"，等等），但是如果我们不继续追问的话对方只能就此打住。这样的封闭型问题不仅在形式上对受访者的回答有所限定，而且在内容上也严重地限制了受访者的思路。这类问题往往带有提问者个人自己的"倾向"，有意无意地将自己对事物的概念定义和分类方式强加给对方。

当我们问一位中学生："你认为自己是什么性格，内向还是外向"，这个问题本身就已经将人的性格分成了两类："内向"或"外向"，这位学生只能在两者之间作一个选择。可是，这位学生很少使用"内向"和"外向"这样的词语来描述人的性格。或者即使他用这样的词语，但是他并不认为自己的性格就必然较"内向"；而在其他一些场合（如与家人和朋友在一起时）却表现得比较"外向"。如果我们对他提出这样一个先入为主的问题，很可能使他不知如何作答。他也许会随便搪塞一下我们，回答"内向"、"外向"；也许我们对他来说是"权威人物"，在这之前他曾经受到他们的暗示，说他的性格有点"害羞"，因此而"不得不"（甚至是无意地）回答说"内向"；也许他对这个问题不太满意，可是又不知道问题出在哪里，心里觉得挺别扭。如果我们连续不断地向他问这类封闭型的问题，他可能会感到自己被放到了一个被动的地位，渐渐失去主动谈话的兴趣。

虽然在访谈中我们应该尽量使用开放型问题，但是也必须考虑到受访者的个人特点。有时候，如果问题过于开放或者开放的问题过多，对方可能会对我们的意图感到迷惑不解，因此而产生心理上的焦虑。我们可以适当地问一些封闭型的问题。在受访者明确了自己的大方向以后，我们可以根据对方的回答再提出一些开放型的问题。

如果访谈已经进行到一定阶段，我们希望对自己的某些初步结论进行检验，这时也可以使用封闭型问题。比如，我们发现某大学很多学生都对学校食堂的伙食不满意，希望在访谈中明确地知道是不是所有被访的大学生都有这类看法，那么我们可以直接问每一位受访者："你对学校食堂的伙食满意吗？"有时，我们甚至可以故意使用一个与目前发现"事实"相反的陈述，以求从不同侧面来检验自己的初步想法。比如，我们明明知道大部分学生都对食堂的伙食不满意，但是在访谈时故意问："你对学校食堂的确很满意，是吗？"以此来邀请对方对这个问题进行反驳。还有一种具有导向性的封闭型问题被称为"控制型投射"，即通过别人的意见或在别的情境下发生过的类似事件对受访者二次检验，如："你们学校有的同学认为食堂的确不错，不知你的意见如何？"或者"我访谈过的几位同学都认为食堂的伙食很不好，不知你是否同意这种看法？"

（2）具体型与抽象型问题

具体型问题指的是那些询问具体事件的问题，如"昨天在你们学校里发生了什么事情？在哪里发生的？当时都有谁在场？在场的人都说了些什么？"抽象型问题具有较高的总结性和概括性，如"你们学校的学生一般在什么情况下迟到？你们平时都干些什么？中学生最喜欢看什么课外书籍？"

（3）清晰型与含混型问题

清晰型问题指的是那些结构简单明了、意义单一、容易被受访者理解的问题；而后者指的是那些语句结构复杂、承载着多重意义和提问者个人"倾向"

的问题。如"你今天几点钟到校的？"就是一个清晰型问题，而"你今天到校以前是不是和这些顽皮的同学跑到附近的游乐场去转了一圈？"就是一个含混型问题，不仅询问"到校时间"、"到校时的状况"和"到校前的行为"，而且包含对对方行为的指责和批评。

通常，清晰的问题因其意义明了，容易获得同样清晰的回答；而含混的问题因为意义重叠不清，容易得到同样含混的回答。比如，如果我们问受访者："怎么样？"对方的回答多半是："还可以"或"不怎么样"。而如果我们问："你今天心情怎么样？"受访者的回答可能是："比较愉快"或"不太好"。很显然，"比较愉快"比"还可以"、"不太好"比"不怎么样"在语义上要清晰一些。但是，"愉快"、"不太好"对这位受访者究竟意味着什么？上述回答仍旧没有提供明确的解释，还有待我们使用更加清晰的问题来进行详细、具体的提问。

含混的问题不仅因为意思含混，有时还因为问题中包含一层以上的意思而给受访者的回答带来困难。受访者受到一连串问题的"轰炸"之后会感到头脑发蒙，不知从何答起，结果往往出于记忆规律只抓住了问题中的最后一层意思，只就这一部分作答。比如在上面的例子中，被访的小学生可能只记住了该问题三个部分中的最后一个部分"到校以前是不是和这些顽皮的同学跑到附近的游乐场去转了一圈？"而把前面的部分统统忘记了。而这个部分不仅是一个封闭型问题，而且还隐含了访谈者自己强烈的价值判断。因此，被访的小学生只可能被迫回答"是"或"不是"，根本没有机会对访谈者的"倾向"进行任何反驳（也许他根本就不认为这几位同学"顽皮"）。所以，在通常情况下，访谈的问题应该只包含一层意思，而且这个意思应该尽可能地明确无误，不要带有研究者个人过多的价值取向。

提问的方式、词语的选择以及问题的内容范围应该适合受访者的身心发展程度、知识水平和谈话习惯，要能够使对方听得懂。

1. 访谈中的提问

"听"是一种直觉、一种感悟，不可能被分成相互独立的成分，更不可能在单一层面运作。下面将"听"按层面进行分类只是一种权宜之计,目的是使读者更清楚地了解访谈中"听"的状态和过程。行为层面上的"听"指的是一种听的态度,有可能表现为"表面的听"、"消极的听"和"积极关注的听"。"表面的听"指的是访谈者只是做出一种听的姿态,并没有认真地将对方所说的话听进去,他此时可能在想自己的事情或者在对受访者的容貌或衣着评头论足。俗话说"一只耳朵进,一只耳朵出",指的就是表面的听。"消极的听"指的是不作思考,被动地听。而"积极关注的听"则是指听的过程中积极主动地思考,与自己过去经验紧密结合起来。

认知层面上的"听"可以有"强加的听"、"接受的听"和"建构的听"三种情况。"强加的听"指的是访谈者将受访者所说的话迅速纳入自己习惯的概念分类系统,用自己的意义解释来理解对方的谈话,并且很快作出自己的价值判断。"接受的听"指的是访谈者暂且将自己的判断"悬置"起来,主动接受和捕捉受访者发出的信息,注意他们使用的本土概念,探询他们所说语言背后的含义,了解他们建构意义的方式。

2. 访谈中的回应

在质的访谈中,访谈者不仅要提问题,认真地倾听,而且还要适当做出回应,将自己的态度、意向和想法及时传递给对方。访谈者的回应不但直接影响到受访者的谈话风格和谈话内容,而且在一定程度上限定了访谈的整体结构、运行节奏和轮换规则。访谈者对受访者做出回应的方式可以有多种,可以分别起到接受、理解、询问和共情的作用。访谈中的回应类型包括认可、重复、重组和总结、自我暴露。

3. 访谈注意事项

访谈应注意一些事项,包括做访谈记录,可以用一些看得懂的速记方式;注意非言语行为(如外貌、衣着打扮、动作、面部表情、眼神、人际距离、说话、沉默的时间长短、说话时的音量、音频和音质,等等);访谈应选择恰当的结束时间,如果访谈者已经面露倦容,访谈的节奏已经变得有点拖沓,访谈的环境正在往不利的方向改变，访谈就应立刻结束，且尽可能以一种轻松、自然的方式结束。

三、质的研究的资料分析

（一）整理和分析资料

1. 整理原始资料

整理和分析资料指的是对所收集的原始资料进行加工，使其逐步趋于系统化和条理化的过程。通过一定的分析手段，我们可以将原始资料打散、重组、浓缩，然后在新的基础上进行整合，其最终目的是对原始资料进行意义解释。

质的研究对资料的要求比较严格，通常需要将资料的内容一字不漏地记录。比如，访谈中的录音必须逐字逐句地整理出来，不仅包括被访者的言语行为，而且包括他们的非言语行为；观察过后必须对遗漏的细节进行补漏，对简化的内容进行扩展；实物资料如果有不全或错误的地方，应该及时补充或纠正。质的研究之所以要求对所有的资料都进行整理，是因为这种研究认为"所有的事情都是资料"。有时，在整理资料时我们认为不重要的资料在今后分析资料时可能被发现有非常重要的价值。

在具体整理资料之前，我们可以先为每一份资料编号，然后在这个基础上建立一个编号系统。编号系统通常包括如下几个方面的信息：

（1）资料的类型（如访谈、观察、实物）；

（2）资料提供者的姓名、性别、职业等有关信息；

（3）收集资料的时间、地点和情境；

（4）研究者的姓名、性别和职业等相关信息；

（5）资料的排列序号（如对 xxx 的第一次访谈）。

为方便起见，我们可以给每一项赋予一个标号。比如有关被访谈者的职业，我们可以用 JS 表示教师，XS 表示学生。所有的书面资料都应该标上编号，并且按页标上页码。建立编号以后，应该复印一份，以便分析时用来剪贴和分类。原件应该保持原封不动，以便今后查找。

2. 资料分析的步骤

资料分析主要有如下步骤：阅读原始资料，登录、寻找本土概念，资料的系统化。

分析资料的第一步是认真阅读原始资料，熟悉资料内容，仔细琢磨其中的意义和相关关系。在阅读资料时应该采取一种主动"投降"的态度，即把自己有关的前设和价值抛弃。登录是资料分析中一项最基本的工作，就是将资料打散，赋予概念和意义，然后再以新的方式重新组合在一起的操作化过程。寻找本土概念，即那些能够表达被研究者自己观点和情感感受的语言，将这些概念作为登录的号码。"本土概念"应该是被研究者经常使用的、用来表达他们自己看世界的方式的概念。本土概念不必是研究者本人或研究者所属群体不知道的概念，只为被研究者群体或个人独自占有。

3. 资料分析的系统化

资料分析的系统化包括建立编码系统和归类系统。

（1）建立编码系统

第一轮登录完成以后，我们可以将所有的码号系统地排列出来，使我们了解现有码号的数量、类型，码号所代表的意义及其相互之间的联系。可以为我们今后查找码号提供方便。编码本中的码号不宜过多，第一次登录时不应该超过 30—40 个。随着研究的逐步深入，编码会逐渐集中，数量也会相应减少。

（2）建立归类系统

编码系统建立起来以后，我们需要对资料进行归类，即将相同或相近的资料合在一起，将相异的资料区别开来。归类时不仅需要识别资料的属性，而且需要对不同的资料进行比较，找到事物之间的联系。归类主要有类属型和情境型两种方式，前者将资料按意义主题分成类别，后者将资料按照一定的时间序列或意义关联进行叙述。

（二）撰写质的研究报告

每一项研究都需要将结果呈现给公众，接受公众的检验。作为研究者，我们不仅要把自己的结果写出来，用一种对读者有意义的方式呈现出来，而且必须意识到我们作为"作者"的权利、影响和社会责任。

质的研究报告通常包括如下部分：（1）问题的提出，包括研究的现象和问题；（2）研究的目的和意义，包括个人的目的和公众的目的、理论意义和现实意义等；（3）背景知识，包括文献综述、研究者个人对研究问题的了解和看法、有关研究问题的社会文化背景等；（4）研究方法的选择和运用，包括抽样标准、进入现场与被研究者建立和保持关系的方式、收集资料和分析资料的方式、写作的方式等。（5）研究的结果，包括研究的最终结论、初步的理论假设等；（6）对研究结果的检验，讨论研究的效度、推广度和伦理道德问题。

质的研究报告特别强调对研究现象进行整体性的、情境化的、动态的"深描"，在讨论研究结果之前通常有一定的篇幅介绍研究的地点、时间、社区、任务、事件、活动等。即使在对研究结果本身进行报道时，作者也十分注意事情的具体细节、有关事件之间的联系、当时当地的具体情境以及事情发生和变化的过程。质的研究的写作的一个很大的特点就是描述详尽、细密，把读者带到现场，力图使读者产生"身临其境"的感觉。

写作中结合使用情境法和类属法举例。

陈向明老师在她的博士论文《旅居者与外国人——中国留美学生跨文化人际交往研究》（1998）的写作中有意识地结合了情境法和类属法。论文中有关研究结果的主体部分使用的是类属法，由在研究中发现的七个本土概念作为七章的叙述主题。与此同时，作者在这七章里都结合使用了情境法，讨论每一个重要的概念时都引用了一些小故事、访谈片段或当事人自己的叙述，以便将对主题的讨论置于具体的情境之中。此外，作者还在这七章的前面讲述了一位留学生的故事，将这个故事作为一个个案，而这个个案所呈现的主要问题又都与后面的七个主题密切相关。通过结合使用类属法和情境法这两种不同的写作手法，希望既突出研究结果的主题层次，照顾到研究结果发生时的自然情境以及与被研究者之间的互动。

之所以强调对研究现象进行"深描"，是因为质的研究认为，结论必须有足够的资料证据作为支撑。它必须为研究结果中的每一个结论提供足够的资料证据，不能只是抽象地、孤立地列出几条结论。作者在论证结论时，必须从原始资料中提取合适的素材，对其教育。因此，他们提倡对资料进行标准化的编辑，比如删掉没有实质性意义的语气词、停顿、重复的话语、非言语表情。笔者认为可以采取一种折中的方式，尽量保持原话的同时对一些语气词、重复的内容进行编辑。如果我们省略了某些内容，应该用省略号标示出来，同时伴以文字说明（如："他又一次谈到前面说过的上课迟到事件，内容基本相同，时间约三分钟"）。如果引言的自然顺序与我们希望写作的顺序不相吻合，也可以在写作时重新组织，但应该在引言之前加以说明。在写作研究报告时，直接引言应该用引号标出来，与正文相区别。在写初稿时，我们就应该将引言完整、准确地写下来，同时将引言的具体出处标出来，如来自对某人初次访谈的记录的某一页。访谈资料经过整理以后应该有系统的标号，如 A-1-5：A 表示某人，1 表示对 A 的唯一一次访谈，5 表示该访谈记录的第 5 页等。如果我们为了一时图方便或节省时间只将引言的大意记下来的话，今后在定稿的时候会遇到很多麻烦。由于当时没有明确的标示，我们将很难准确地对这段引言的原文进行引用，也很难迅速地找到该引言的上下文语境。

在写作时，我们还应该考虑到自己的读者是谁。不同的读者群对作品有不同的要求，需要作者使用不同的写作风格和写作规范。当面对不同的读者时，我们不仅要学会用他们能够听懂的语言与他们交流，而且还要考虑到他们的知识水平、认知方式和兴趣所在。

思考题：

1. 质的研究方法的含义是什么？
2. 质的研究方法的实施步骤有哪些？

第九章　教育实验研究法

教育实验研究法是教育科学研究中常用的方法。它通过人为地控制某种因素，以查明教育现象中的某些因果关系，揭示教育规律，检验基本的教育原理和研究假设，在实际研究中有着极其重要的作用。本章我们将结合教育实际，介绍教育实验研究的基本方法。

第一节　教育实验研究法概述

一、教育实验研究法的含义

实验法，是自然科学研究中的一种常用方法。在自然科学中，人们在实验室里设计特定的环境，改变实验中的某一些因素而其他因素保持不变，使研究对象发生某一方面的变化，并通过观测现象的变化来研究现象发生的原因，这种研究方法称为实验法。如研究湿度变化对植物生长的影响。

实验研究就是通过人为地控制某些因素，以查明某些变量间因果关系的方法。它比不加任何干预的观察或调查更便于实验者控制和把握。同时又可以揭示出事物间的因果关系。正如著名的生理学家巴甫洛夫所说："实验宛如把现象掌握在自己的手中，有时让这个发生，有时让那个发生，如此来在人工的、简化的组合中确定现象的真实联系。"

教育实验研究法是研究者按照研究目的，合理地控制或创造一定条件，人为地变革研究对象，从而验证假设，探讨教育现象因果关系的一种研究方法。

比如教育心理学研究中有这样一个著名实验：

赫洛克（Hurlok，E.B.）为了弄清不同诱因对学习成绩的影响，曾挑选

106名小学生作为被试，把他们分成四个基础相等的组，要求他们做难度相等的加法题，每天15分钟，连续进行五天。赫洛克把其中的一组作为控制组，让他们在不接触其他三组的情况下，单独进行加法练习，不对他们作任何评价。把其他三组作为实验组，在同一个地方进行加法练习，并对这三组分别施加不同的实验影响。其中，甲组为受表扬组，研究者宣布学生的名字，予以充分的表扬和鼓励；乙组为受训斥组，研究者宣布学生的名字，并严加训斥；丙组为受忽视组，研究者完全不注意该组的学生，只是让他们在旁边静听其他两个组受表扬或训斥。然后，测定四组每次练习的平均成绩。（见下图）

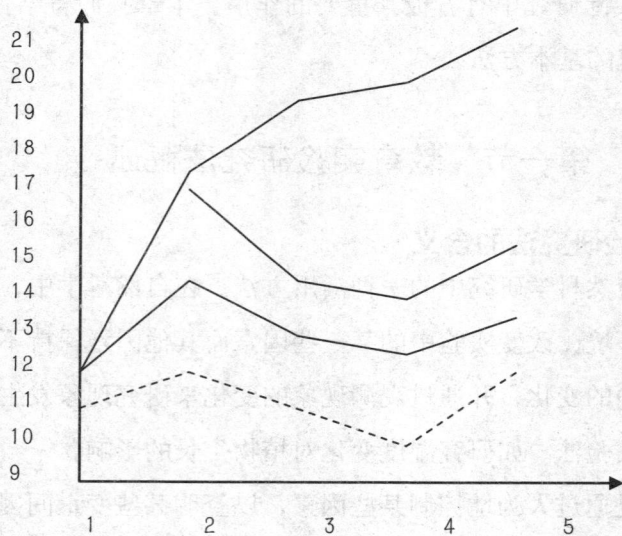

图9-1　不同诱因对学习成绩的影响

赫洛克经过分析，发现"表扬比批评对提高学习成绩更有效"的教育规律。这个实验应用的就是教育实验研究法。

教育实验研究法由以下几个基本要素构成：

（1）明确的研究目的

（2）控制实验条件

（3）论证某种因果关系

进行一项教育实验研究，就是在科学的教育理论指导下，提出一个具有因果关系的假设，并根据假设选取适当的研究对象，创立和控制实验条件，并对研究对象通过实验处理和测量，最后统计分析确立教育影响和教育效果之间是否存在因果关系。

二、教育实验研究法的基本特征

教育实验研究法与其他研究方法相比有以下基本特征：

（一）可控制性

在控制的条件下进行研究，是教育实验研究法区别于其他研究方法的基本特点。通过人为地控制实验条件可以使研究者观察到在自然观察条件下不易集中观察到的现象，同时摆脱无关因素对实验的干扰。比如：研究奖励方式对小学生学习效果的影响。单纯凭借观察，要等待教师和小学生出现该类行为，很费时间，并且难以排除其他因素的影响。但是通过实验研究法，可以人为地创造情境，设定教师的奖励方式，排除小学生的学习习惯、情绪、知识、技能以及教师组织教学模式等多种无关因素的干扰，使实验结果更具有可靠性。

（二）可重复性

实验研究法的实验条件、操作过程都是经过严格控制的。不同的研究者或者同一研究者按照同一实验条件重复操作应该得到相似的结果。只有这样，才便于对已有的实验结果进行验证，推广实验结果。

（三）揭示因果关系

一般来说，要确认 A 和 B 两种变量中，A 是 B 的原因（B 是由 A 引起的），必须满足三个条件：（1）共变关系，即 A 变 B 也变。如果 A 变 B 不变，则不能肯定 A 是 B 的原因。（2）时间顺序，即 A 在 B 前变，或 A 与 B 同时变化。如果 B 先于 A 变化，则不能肯定 A 是 B 的原因。（3）控制原则，必须消除其他因素的影响，才能确定 A 是 B 的原因。

观察法和调查法只能在描述、归纳和分析自然呈现的现象的基础上，推测某种现象的原因，所以不能准确地确定事物间的因果关系。而在实验研究中，可以利用实验组与控制组的对比来确定变量的关系；用前测与后测来了解实验前后的变化情况，决定变化的时间顺序；用各种控制手段排除无关因素的干扰，以确保 A（自变量）是 B（因变量）的直接原因。

比如，赫洛克实验中，教师对学生作业的评价态度变化，学生的作业成绩也随之发生变化。因此教师对学生作业评价态度与学生成绩之间存在共变关系。实验中测量了四个等组，这四个组学生的加法练习基础是相等的。我们可以看出加法练习成绩的变化产生在教师对作业评价态度的变化之后，这就在时间顺序上明确了二者的先后。同时实验中控制了练习题的难易差异、学生学习水平差异等因素的干扰。所以，实验研究法是确定因果关系的较好方法。

三、教育实验研究的主要功能及局限

（一）教育实验研究的主要功能

实验研究是唯一能真正检验因果关系假设的研究。它能超越教育经验的局限，探索和发现客观事物的内部联系和规律，并且获得利用这些规律来预测和驾驭事物的发生和发展的能力。主要功能是：

1. 对已有教育的理论进行检验，考察其科学性、先进性，为改进教育进程和方法、推动教育改革与发展提供依据。

2. 为发现和揭示适应新时期教育发展需要的教育特点和规律提供依据。

3. 对引进的教育理论进行检验、变通和发展，有利于"洋为中用"，为我们的教育事业服务。

4. 为新的教育理论假说应用、推广，寻求操作程序。

俄国著名的教育家赫尔巴特在其著作《普通教育学》一书中曾经指出："教育学的事实和理论必须来自于教学实验。"康德在《论教育》一书中也多次讨论了教育实验对发展教学实践的作用。他论证说：教育的目的就是把人培养成人，但要实现这一目的，就要了解人，了解人的方法就要通过实验。他提出一种假想："假如地位高的人能帮助各民族联合起来，做一种实验或者可以知道人可能达到的地位。"他认为教育实验对提高教学实践水平和效果有十分重要的意义。我们考察现代教育发展过程就会发现，正是通过教育实验的广泛发展，

我们获得了大量有意义的可靠信息，从而探索、验证和发展了教育理论，使之更具有时代性；也正是通过教育实验，我们获得了丰富经验，形成了多种多样的教育教学模式。因此，才有了"教学要改革，实验为先导"的说法。教育实验研究的发展也就成为现代教育科学发展的重要标志。

（二）教育实验研究法的局限

教育实验研究法，作为一种重要的和常用的研究法，在面对复杂教育现象的过程中也有其局限性。主要表现在以下几个方面：

1. 从教育实验的适用范围上看

教育研究中的许多变量和关系难以操纵和控制，可能影响实验结果。实验研究适用于研究自变量数目较少、清晰、可以分解、可以操控的问题。换句话说，实验研究只能对提纯变量进行考察，说明 A 能引起 B 的变化，但是不能说明现实中 A 的确能引起 B 的变化。因为实验情境与现实情境具有一定程度的差异。实验情境中的反应不一定与现实情境完全一致。因此，在使用实验法时应对研究对象和范围做出适当的限定和选择。

在一些领域的研究中，实验法不一定适用，必须与其他研究方法结合使用，才能真正揭示教育发展的规律。（举例参见本章第二节《情绪在儿童品德形成中的作用》）

2. 从教育实验的研究对象上看

教育研究的对象是人，研究者与被研究者的态度、动机、价值观等因素会不自觉地影响实验效果，从而对实验的客观性产生影响。由于教育的目的是促进人的发展，因此实验研究中要考虑到人的发展和成长。在选择变量和进行实验处理的时候要考虑到不能对被研究者的身心发展造成负面影响，这样在一定程度上限制了实验研究法在教育科研中的应用。

3. 从教育实验的结果分析上看

实验研究法对研究者本身的科研能力，特别是设计、控制实验的技术方面有较高的要求。如果对实验法的技术掌握不好，只注重形式，会造成很大的误差，使结果失去说服力。而且，实验设计受到现有的分析手段和水平的限制，当现有的测量手段不能恰当地测量复杂的教育现象时，实验结果的分析就会受到影响。

可见，实验研究法的使用要慎重，不是所有的研究课题都要用实验法。在相关研究、比较研究、分类研究或描述性研究中，不需要也不能确定因果关系，就不要使用实验研究法。即使需要使用实验研究法确定因果关系，也要在实验前进行充分的观察和调查，确定哪些因素值得作为自变量进行操纵，哪些因素是需要控制的干扰变量。只有这样，才能提高教育实验的有效性，提高教育研究的科学性。

四、教育实验研究的类型

人们根据不同的分类标准把实验研究划分为不同的类型。主要有以下几种类型：

（一）按实验场所或情况的不同，可以把实验研究分为实验室实验和自然实验

1. 实验室实验

实验室实验是在专门的实验室内或在人为设计的环境下，严格控制外界条件进行的实验研究。也就是说，将被试置于由实验研究者设计的特定教学环境中，通过考察被试在这种特定环境中的反应，得出某种因果关系。

2. 自然实验

自然实验也叫现场实验，是在实际的教学情境中进行的实验。这种实验方式只能尽量地控制外界条件，但可以长期地持续进行。

从教育实验研究的实际情况看，实验室实验脱离现实的教育，即使得到精确的结果，实用价值也不大，难以在实践中推广。所以单纯的实验室实验不适应教育改革的需要，极少使用。而自然实验虽然控制程度不如实验室实验严格，但能探索真实的教育情境中的问题，有较高的实用价值，较为常用。

（二）按照实验的目的、任务不同，可以把实验研究分为探索性实验和验证性实验

1. 探索性实验

探索性实验是在现有的理论和实践研究的基础上，提出新的问题、检验新

假设是否成立的实验研究。侧重于发现新的规律，获得新的科学知识。

2．验证性实验

验证性实验是对他人研究结论进行重复性的研究。侧重于对已有的科学结论进行验证，从而进一步确定它或者否定它。这样的实验一般是在探索性实验的基础上进行的，是对探索性实验结论的验证。这种验证不是简单地重复原来的实验程序，而是用原来的方法在不同的时间、地点或不同的研究对象中进行实验，以检验在新的条件下原有的结论是否正确。

（三）按照涉及的因素，可以把实验研究分为单项实验和整体实验

1．单项实验

单项实验是指对教育现象中单个因素进行操作，以观测其影响的实验。侧重于研究某一个因素，涉及面窄，研究的问题比较具体深入。例如："数学自学辅导教学实验"、"集中识字教学实验"。

2．整体实验

整体实验又叫整体改革实验，是在单项实验基础上发展起来的实验研究方法。它是运用整体的思考，通过对教育教学中某一独立的整体结构进行全面的系统的操作变革，以观测其结构、功能、效果的实验。这样的实验可以是整个国家的教育体制，也可以是一个学校、一个学区整个教育结构的改革实验。整体实验要求横向上将各种教育因素整合，纵向上把各级培养目标系统衔接起来。例如：上海师大教科所进行的"中小学教育体系整体改革实验"，不仅包括课程、教材、教法、管理等横向因素，还涉及中学和小学两个阶段的衔接问题的纵向因素，将各种因素进行组合，以探索整体上的教育效果。

（四）按照实验的控制程度和内外效度的高低，可以把实验研究分为前实验、准实验和真实验

1．前实验

前实验指可以进行观察和比较，但不能随机分配被试，缺乏控制无关因素的措施，不能说明因果关系，是内外效度都很差的实验。从比较严格的意义上

说，前实验是一种不合格的实验研究。

2. 准实验

准实验指不能随机分配被试，只能按现存班级或整体进行实验，无法完全控制无关因素，只能尽可能予以控制的实验。因此，对实验结果的解释必须慎重。

3. 真实验

真实验指能随机分配被试，并能保证各组被试等质，系统操作实验因素（自变量），完全控制无关因素的实验。这种实验设计误差较低，实验效度高。

第二节　教育实验研究法的基本程序

教育实验是一种有组织、有计划的、并可以通过人为控制的实验方法。因此，教育实验有着特殊的逻辑结构和操作程序，运用教育实验研究法就必须明确其组成部分，按照科学的程序进行。

一、教育实验研究法的逻辑框架

根据实验研究中的各种变量组合及作用，其基本的逻辑框架可由下图表示：

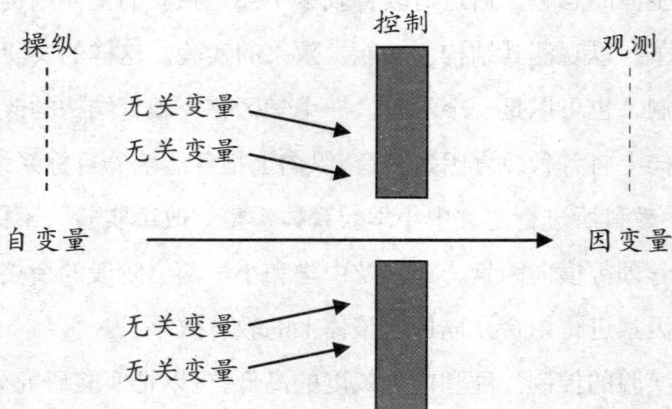

图9-2　教育实验研究法的逻辑框架

由图可知，实验研究就是通过：（1）操纵自变量，即有系统地对被研究者施以不同的实验条件；（2）控制干扰变量或无关变量；（3）观测因变量的变化。只有实施了上述过程的研究，才可以称为实验研究。

自变量是实验引进的变革因素,目的在于使它产生预期的效果——因变量,自变量与因变量之间构成的因果关系。这是实验的主要逻辑关系。而无关变量或干扰变量对自变量发生干扰作用构成了潜在的而不需要的关系。在这种关系中,自变量是需要积极操作的,而因变量则是需要积极促成的,无关变量是需要积极控制、排除和因势利导的。当然,对变量加以操纵和控制的方式和程度会因研究者的水平、研究目的等因素的不同而出现各种差异,这就决定了各项具体实验研究在理论上的不同精确度及科学性。

二、教育实验变量的控制

在进行教育实验的过程中,我们会涉及许多可以变化的因素,例如:教材、教学方法、教学组织形式、教学时间、学生的成绩、行为习惯、智力水平、教师和学生的差别、教学环境的差异性等。这些在教育实验过程中涉及到的可以变化的因素统称为变量。变量在其实验过程中的作用可以分为自变量、因变量和无关变量三种。实验因素的控制就是自变量的操作、控制和无关变量的控制。

实验因素控制的好坏直接关系到实验结果的科学性。因此,实验条件一定要严格控制,特别是控制好一些关键条件。如果实验控制得不好,那么随着自变量的变化,无关变量也发生变化。获得的因变量的变化结果就很难确定是单纯由自变量引起的,实验就失败了。所以在使用实验研究法时务必要做好实验因素的控制。

(一)自变量的操作和控制

自变量又叫实验变量,是施于被试的可操纵的某种变化因素,可以是教学大纲、教材(实验教材、普通教材)、教学组织类型(集体授课、自学)、教学方法(讲授、讨论)等。自变量是实验前假设的因果关系中的原因变量,对自变量的操纵是教育实验的关键之一。自变量的操作、控制,要注意以下两点:

(1)操作的严密性。在对自变量进行操作时要使其他的无关变量恒定,特别是要注意不要使自变量和无关变量发生混淆。

(2)选择的自变量不宜过多,一般在2—5之间为宜。过多的自变量难以控制。

如果需要考察很多自变量的作用，可以分别安排在几个子实验中进行。在实验前要进行预试，并在以前研究的基础上，准确预测自变量在什么情况下发生变化，并且必须保证自变量在实验中确实发生了变化。比如，进行自学辅导教学法与传统教学法教学效果的比较研究。根据自变量的要求，必须使教学方法发生变化，使用自学辅导教学法的实验组和使用传统教学法的对照组必须有各自的操作要求，例如：教案、教学方式等，以此来实现对自变量的操作、控制。

（二）无关变量的控制

在教育实验中，除了自变量以外，其他一切条件都可以称为无关变量。无关变量，简单的理解，就是与实验没有关系的变量。但是无关变量也能使自变量发生变化，影响实验效果。因此，也称为干扰变量或控制变量。比如：被试的差别、教师的差别、教学环境的差别等都会影响实验结果，而使我们无法辨别因变量的变化是由自变量引起的还是无关变量的作用。为了保证实验结果具有高度的科学性，必须有效地控制条件无关变量。

一般来说，教育实验中的无关变量有两类：

一种是变性无关变量。它对实验变量的作用和影响性质不稳定，有偶然性，有利和不利经常处于随机的变化中；这是造成随机误差的主要原因。例如：实验中，天气的冷暖、阴晴，教师与学生的情绪变化、身体状态等，对教学效果都可能产生各种影响。对于这一类无关因素，我们没有有效的控制办法。但从理论上讲，这些因素由于经常地变化，他们可能产生的有利和不利影响常常是趋于相等的或相互抵消，所以对于这种无关因素可以不必加以控制。

二是恒性无关因素，它们对实验效果产生稳定地向某一个方向的偏向，或者有利或者不利，所以一般认为它们是系统误差的来源。比如：在教法实验中，教师的水平、态度，学生是否接受过课外辅导等都可能使教学效果发生变化。为了保证实验结果的可靠性，必须对这些因素或变量进行控制。也就是说，无关变量的控制主要就是对可能产生系统误差的恒性无关变量进行控制。

控制方法如下：

1. 排除法

这种方法就是把无关因素排除在实验之外，尽可能地使之不影响实验结果。这是控制无关变量最简单的方法。比如：在教法实验中，可以要求家长在实验期间不给学生进行额外的课外辅导；通过集中培训来提高教师对实验的认识和理解。对于教学环境，如噪音、教室光线的影响，可以通过改善教学环境来消除。

但在教育实验中，教师和学生的水平、能力、动机、态度、教学时间等重要的无关变量很难得到彻底根除。因此，在采用消除法时还必须配合其他的控制方法。

2. 平衡法

这种方法是通过配对、分组等方法使无关变量都在同一水平上或使无关变量保持恒定。这是教育实验中经常采用的方法。

当实验研究中的某些无关变量无法消除时，应该设法使实验各组在无关变量方面尽量相等或保持恒定。可以采用配对法（也叫控制组法），分成无关变量效果相等、被试个体数目也相等的两个组，随机决定实验组和控制组。这样，实验组（即接受新的实验处理的被试组）和控制组（即接受不同实验处理或按照原来传统方式进行的组）除自变量不同之外，在无关变量的效果、经历的时间等条件方面均是相等的，所以，两组的反应之差，可以认为是自变量的效果。还可以采用同一教师教授不同实验处理的组，让各实验人员遵守同样的步骤方式等方法，使所有被试所处的环境条件基本相等，所受的干扰也相同，从而使各组的反应之差被认为是自变量的效果。比如，进行教法实验，已知学生对新课预习的自觉性有很大差异，或者学生接受课外辅导的程度差异很大，可以设计或临时跳跃教授后面的课程，形成每个学生都没有预习过的条件或者都没有被辅导过的条件，从而使实验效果恒定。

进行分组的方法很多，现在简单介绍常用的两种：

（1）随机配对

把所有被试按照某些与实验有关的重要特征（如年龄、性别、智商等）相同的标准配成对，并对每对进行编号，任意决定其中一个为1，一个为2。假设需要将被试按性别、年龄分为两组。可以这样分：A1—A2（女，12岁）；B1—B2（男，11岁）；C1—C2（女，11岁）；D1—D2（男，12岁）……然后采用掷币法或查随机数码表的方法，随机地将各对中的对象分别分入实验组和控制组。如上例通过掷币法（规定币值朝上为1）得到实验组的被试有A2、B1、C1、D2……控制组被试有A1、B2、C2、D1……

（2）预测组法

在教育实验中，往往遇到这样的情况：各班的自然状况不同，如学生人数、性别比例、智力水平比例等，这必然会引起不等组的现象。我们不能为了进行实验而打乱原有的班级编制去重新配组。这时，就可以采用预测组法去平衡无关变量。

预测组法，就是在确定了实验班和控制班之后，再对两班学生的可能影响实验结果的特征（如智力水平等）进行测试，根据预测的结果，再用配对法分组。

采用这种方法时，有时会遇到这样的情况，有些学生无法与其他人配成一对，那么，这些学生就不作为被试，虽然让他们参加本班的教学、测查等活动，但在最后分析时不做统计。预测组法选出来的被试样本数量较少，但一般不应少于10对。

3．循环法

在进行两种或两种以上的实验处理时，实验顺序造成的练习、适应、疲劳等现象会影响实验结果，采用的方法是循环法，也叫平衡对抗法或ABBA法，即把实验处理排列为机会均等的组合，使每一种实验组处理以不同的次序出现，但位于某顺序的次数相等。

例如：当实验处理为A、B、C三个时，把被试按随机配对法分为三组（各为被试总体的1/3），按下列实验顺序进行：

被试 1　2　3	实验顺序
第一组被试	A　B　C
第二组被试	B　C　A
第三组被试	C　A　B

在进行 AB 两种实验处理时，可以把被试随机分为两组，一组接受实验处理的顺序为 AB，另一组则为 BA。

例如：为了了解学习结果的反馈对学习动机的作用，可以安排如下实验，把学生随机配对分为两等组。让每组学生均以最快速度和正确性来做减法练习（两组题目相同），共连续进行 75 次，每次 30 秒钟。在前 50 次练习中，甲组知道每次练习的成绩，乙组不知道。自第 50 次起，乙组知道成绩，而甲组不知道。分析实验结果，前 50 次甲组成绩比乙组好，后 25 次甲组成绩变坏，而乙组成绩明显上升。

（三）因变量的观测

因变量是通过自变量的作用而产生变化的变量，也叫效果变量。它是实验前假定存在的因果关系中的结果变量。

因变量一般表现为两个密切相关的方面：一是教学模式、结构等的优化；二是学生的发展，如学生的智力、行为习惯、态度、兴趣等的变化。这两方面都通过学生的变化表现出来，从这个意义上说，绝大多数教育实验研究的被试都由学生充当，学生因素是实验因变量中不可缺少的因素。

在教育实验中观测因变量的变化，一般应从以下三方面考虑：

1. 需要观测哪些因变量

以教学效果为例，它包括基础知识和基本技能的掌握、智力的发展、教学时间的长短等。究竟从哪些方面来测定教学效果，在实验前必须明确。

2. 如何测定因变量

因变量确定后，要考虑通过怎样的方法把因变量测定出来。是口头测定、书面测定，还是操作测定；是个别测定还是集体测定。根据测定方式选择相应的测定条件、工具。

3. 如何评定成绩

在确定因变量和测定方法后，还要考虑如何评定成绩，是采用等级评定还是打分。各种评定标准均需一一明确。

教育实验只有对自变量、无关变量进行严格的控制，才能观测到可靠的、有效的因变量，才能对自变量与因变量是否存在因果关系做初步的判断。

三、实验研究的基本程序

一项完整的实验研究一般需要以下几个基本步骤：

（一）选定实验的课题，并提出实验假设

实验课题的选定与一般科研课题的确定有相似之处，在课题来源、课题范围等方面基本相同，应注意：

1. 实验课题应具有较高的理论价值和实践价值

理论价值表明课题在学术上能够填补空白或者修正、发展某种理论。实践价值表明课题对于教学改革、教学质量的提高有很大的帮助。教育实验课题是否恰当将直接影响实验的成败与价值。例如：北京师范大学的林崇德主持的"小学生运算思维品质培养实验"，对小学数学教育改革以及教学理论的发展起到了重要作用。

2. 实验课题要有可操作性

课题中涉及的因素及其相互关系能够转化为实验的具体操作。比如："初高中学生创造能力和学习能力同步增长实验"。[①] 其中，创新能力可以界定为创造者所具有的顺利完成创造任务的能力，由发现、发明、创作和创造性组织能力组成，核心是创新思维能力。学习能力指学生顺利完成各项学习任务的能力，可以用学习成绩作为指标。同步增长指创造能力与实验能力相互促进，可以用实验班与对照班在创造能力测试和中考、高考等大型考试中的成绩来考核。这样，课题才可以在实验中进行具体的操作。此外，课题的选定还应符合现有

---

①周宏主编. 学校教育科研全书（下）[M]. 北京：九州图书出版社，1998：1153.

的研究条件，包括人力、物力、财力、技术水平等。比如在上例中，进行实验必须有理论的指导、实验学校的内外部条件、实验教师、实验教材等。只有具备了相应的实验条件，才能探讨课题和实验。

3. 要有明确的实验假设

假设是对研究问题的因果关系的表述。确定研究课题就要明确实验研究的假设，并在设计实验课题时表述清楚通过改变哪些因素，进而对哪些因素的变化产生影响。比如，天津市上海道小学进行的整体改革实验，研究的问题是课程结构的改革。研究假设是：使用包括学科课程、活动课程和潜在课程在内的大课程体系进行教学，要比使用原来的常规的课程在学生发展、教师提高、优化机制等方面效果好。课题的假设不明确，就会给研究带来很大的盲目性。

实验课题的确定和假设的提出一般有以下几种途径：

（1）从教育改革的历史进程中发现问题，如上海师大"充分挖掘儿童少年智慧潜力"实验。

（2）从调查筛选经验中发现问题，如上海青浦实验。

（3）从理论研究中发现问题，如北京师大"结构－定向教学"实验。

（4）借鉴国外教育实践经验，如中国科学院心理所的卢仲衡教授主持的"初中数学自学辅导教学实验"。

总之，一个好的实验课题和实验假设应当是合理的、新颖的、简明的和有价值的。

（二）界定实验变量，选择实验设计

这是教育实验过程的又一个主要环节。在有效的实验研究中，研究者应明确规定实验中各自变量与因变量的概念与操作定义，以便保证实验实施过程的严格性和精确性。选择实验设计就是要确定实验中被试的选择和分组方式以及自变量与因变量实施和测量的安排。比如：被试的选择是采取简单的随机抽样还是其他的抽样方式，是单因素实验还是多因素实验等。

（三）制定实验方案

实验方案是对整个实验的全面的系统的组织和规划。一般来说，实验方案应包括以下三个基本部分：

理论部分，包括实验针对的问题、依据的理论假设、变量的定义分析、实验的总体思想及指导原则等。

技术部分，包括实验的类型，被试的选择，自变量、因变量的操纵，实验的具体步骤，实验的组织领导等。

评价部分，包括实验要采用的评价标准、方法、技术手段等。

另外，有的实验方案，特别是一些专业研究者的方案，在开始时还以"导言"的形式或在末尾以"附录"的形式，对已有的关于本实验的研究资料进行分析，以证明自己研究的是以其他研究为基础的。还有的实验方案在方案末尾附加一些关于实验条件或创造条件的可行性方法的说明，以提高方案的可操作性。但是，总体来说，理论、技术、评价三部分是最基本的部分。

（四）控制干扰变量

在实验中总是会遇到一些与实验目的无关的干扰变量，而为了确保实验的顺利进行和实验结论的可靠性，必须对干扰因素或无关因素进行控制。

（五）实施实验步骤

实验方案正式实施。实验者要按照实验方案的要求，对实验中的自变量进行系统操作，对干扰变量按预先设计的方法加以控制。同时，随时随地灵活地调节实验进度，及时处理实验中的突发问题，保证实验的顺利进行。这里需要特别注意两点：

（1）实验的指导语、操作程序要统一。特别是防止在实验中由于被试受到暗示而表现出的非正常反应。例如：进行教法实验时，如果上课前对实验班的学生反复强调实验的意义，要求学生密切配合，或者采取措施迫使学生集中注意、服从安排，而在控制班没有这样做；或者对实验班特别关照而忽视控制班，实验班的学生就由于受到暗示而出现非正常反应，实验结果的可靠性就大大降低了。

（2）及时记录实验情况，积累原始资料。观察和记录实验情况要及时，不仅实验组的情况要记录，控制组的情况也要收集。干扰变量的控制情况、因变量的变化情况等，特别是学生的发展变化情况，都要及时、准确地记录，以便作为评价实验结果的参考。

（六）数据的整理和分析

研究者经过测试、评定等方法，搜集实验数据资料，并在此基础上进行统计处理，分析数据，确定课题的范围，检验假设，提出科学的结论。分析实验结果时，要注意区分什么是实验应清除的误差，什么是实验应有的结果。

（七）撰写实验报告

以上整体过程可以用下图表示：

图9-3　教育实验研究法的一般程序[①]：

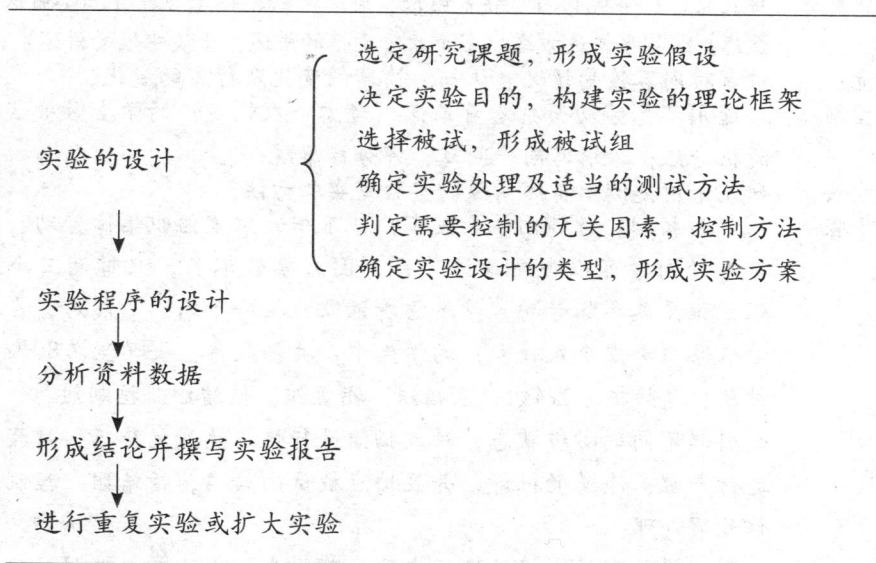

实验的设计
　　选定研究课题，形成实验假设
　　决定实验目的，构建实验的理论框架
　　选择被试，形成被试组
　　确定实验处理及适当的测试方法
　　判定需要控制的无关因素，控制方法
　　确定实验设计的类型，形成实验方案

实验程序的设计

分析资料数据

形成结论并撰写实验报告

进行重复实验或扩大实验

以下略举一例，以说明上述实验研究各成分的具体情况。一般而言，这些基本成分在实验报告中应加以明确说明。

①裴娣娜．教育研究方法导论[M]．合肥：安徽教育出版社，2000：264．
②资料来源:章志光编著《学生品德形成新探》,北京师范大学出版社,1993年版,第58页。石秀印《情绪在儿童品德形成中的作用》,编者根据举例目的作了一定的调整和删改。

实验研究法的基本程序举例

课题
情绪在儿童品德形成中的作用[②]

课题的选定：国外对情绪在品德形成和教育中作用的研究虽有很大进展并取得一定的成绩，但对外界情绪刺激与主体情绪状态的相互作用、对情绪过程与认知过程的相互作用、对情绪品质（如道德感）的形成过程与条件，均缺乏较深入的探讨。进行这些方面的研究，既能够填补空白，推动教育心理学理论的发展，又可以为品德教育实践提供科学依据。

实验假设：教育方式的情绪性与受教育者的心境状态之间存在一定的关系，这二者以及这二者的不同结合对个体提高道德认识、形成道德情感、作出道德行为产生某些影响。

实验目的：在前人研究的基础上，结合教育实际，对教育方式的情绪性与受教育者的心境状态之间的关系，这二者以及这二者的不同结合对个体提高道德认识、形成道德情感、作出道德行为的影响，做初步探索。

被试：北京市海淀区打钟庙小学、北京师范大学附属实验小学四、五年级学生共160人，男女各半。

研究变量：自变量：1.心境状态（非常愉快、有些愉快、很平静、有点不愉快、很反感）2.故事讲述方式（富于情绪表情的讲述、平淡中性的讲述）；

因变量：被试对内容接受情况、认知、情绪的变化及行为的变化。

实验控制：1.选用不愿劳动而愿意看录像（考虑个人较多）的学生做被试，并随机分组；2.填写同一问卷，评分标准统一。

研究方法：研究采用类似于自然情境的实验室实验方法。

实验步骤：1.行为初测。教师向学生宣布："下午，班里组织集体劳动，不愿参加的同学可以去看录像节目。因为票数不多，只够两三个人一张。谁愿意参加劳动，谁愿意看录像，报一下名。"然后，在报名看录像（考虑个人较多）的学生中，共抽取男、女学生各80人作为被试。并随机分为4组：表扬组、指责组、情绪组、控制组。

2.引起不同的心境状态。对表扬组进行情绪热烈的赞扬，对指责组进行严峻、冷漠的批评，并且均点被试的姓名。情绪组、控制组不作此项处理。

3.观看讲故事的电视录像。内容是某少先队小队长（洪强）热爱集体、舍己为人，受到表扬；某队员（伟伟）只顾个人，不考虑别人和集体，受到议论和批评；在小队长等人的帮助下，后者也变得关心集体。故事用两种方式讲述：第一种富于情绪表情的方式，即用情绪表情渲染对关心集体行为的赞赏，对只关心个人行为的否定，表现主人公作出道德行为时的愉快情绪和受到帮助时的激动心情以及集体团结一致、朝气蓬勃地活动的热烈气氛；第二种，平淡的、中性的讲述，不带情绪上的倾向性。表扬组、指责组、情绪组观看第一种讲述方式的录像，控制组观看第二种讲述方式的录像。在被试看录像时，用隐蔽的录像机对被试的面部表情、姿态进行录像，供做情绪状态分析。

4.问卷调查。看完录像后，请被试填写问卷，借此了解对内容的接受情况和认知、情绪等的变化情况。问题内容主要包括：①听故事前后的心情；②对故事讲述者和所讲故事的评价；③对故事主人公行为的评价；④自我评价；⑤口头行为选择。

5.行为复测。问卷后，告诉被试，要请大家看一个精彩的电影，但是票只够两三个人一张；不能看电影的参加班里的集体劳动。大家愿意参加哪一种活动，报一下名。借此了解实验的行为效果。

实验结果：

表9-1　听故事前几分钟的情绪状态（%）

	总人数	非常愉快	有点愉快	很平静	有点不愉快	很反感	与控制组比较	与情绪组比较
表扬组	39	84.6	12.8	2.6	0	0	P<.01	P<.01
指责组	39	15.4	17.9	25.6	33.3	7.7	P<.05	
情绪组	40	40.0	35.0	25.0	0	0	P>.05	P<.01
控制组	38	26.3	28.9	34.2	7.9	2.6		

表9-2　听故事后几分钟的情绪状态（%）

	总人数	非常愉快	有点愉快	很平静	有点不愉快	很反感	与控制组比较	与情绪组比较
表扬组	39	82.1	15.4	0	2.6	0	P<.01	P<.05
指责组	39	17.9	30.8	25.6	17.9	7.7	P>.05	P<.05
情绪组	40	55.0	30.0	10.0	5.0	0	P<.01	
控制组	38	15.8	21.1	52.6	7.9	2.6		

表9-3　听故事过程中微笑和保持注意的人数比例（%）

	总人数	微笑	与控制组比较	与情绪组比较	注意	与控制组比较	与情绪组比较
表扬组	39	64.1	P<.01	P≈.05	92.3	P<.01	P>.05
指责组	39	17.9	P>.05	P<.05	59.0	P>.05	P<.05
情绪组	40	42.5	P<.01		80.0	P<.01	
控制组	38	13.2			44.7		

表9—4　对讲述者的喜欢程度（％）

	总人数	很喜欢	有点喜欢	说不清楚	有点不喜欢	很不喜欢	与控制组比较	与情绪组比较
表扬组	39	79.5	12.8	7.7	0	0	$P<.01$	$P\approx.05$
指责组	39	23.1	30.8	28.2	12.8	5.1	$P>.05$	$P<.05$
情绪组	40	55.0	32.5	7.5	5.0	0	$P<.01$	
控制组	38	18.4	23.7	36.8	15.8	5.3		

表9—5　对关心集体、他人行为的评价（％）

	总人数	很喜欢	有点喜欢	说不清楚	有点不喜欢	很不喜欢	与控制组比较	与情绪组比较
表扬组	39	79.5	12.8	7.7	0	0	$P<.01$	$P\approx.05$
指责组	39	23.1	30.8	28.2	12.8	5.1	$P>.05$	$P<.05$
情绪组	40	55.0	32.5	7.5	5.0	0	$P<.01$	
控制组	38	18.4	23.7	36.8	15.8	5.3		

表9—6　对只顾个人行为的评价（％）

	总人数	很不光彩	有点落后	很平常	有点喜欢	很敬佩	与控制组比较	与情绪组比较
表扬组	39	48.7	35.9	10.3	5.1	0	$P<.01$	$P>.05$
指责组	39	12.8	23.1	35.9	12.8	15.4	$P>.05$	$P<.05$
情绪组	40	27.5	45.0	15.0	5.0	7.5	$P<.05$	
控制组	38	21.1	21.1	42.1	10.5	5.3		

表9—7　实际的行为选择结果（％）

	总人数	参加劳动	看电影	与控制组比较	与情绪组比较
表扬组	39	59.0	41.0	$P<.01$	$P<.05$
指责组	39	15.4	84.6	$P>.05$	$P<.05$
情绪组	40	35.0	65.0	$P<.05$	
控制组	38	13.2	86.8		

从表9—1—表9—3及录像资料的观察结果可以看出，实验期间各组的情绪快感程度（自我报告的愉快程度和看电视时的微笑）和注意状态是不同的，在表扬组的被试中，听故事前、中、后的快感程度高，听故事期间注意集中的人数比例比其他三组都大；情绪组快感程度高或较高的人数比例在听故事前与控制组相近，在听故事期间、之后少于表扬组而大于控制组，听故事时注意集中的人数比例也较控制组高；指责组快感程度高或较高的人数比例在听故事前

比其他三组都小，听故事期间、之后与控制相近而小于另二组，听故事时注意集中的人数比例也与控制组相近。

表 9-4 表明，表扬组中印象和情绪体验较高的人数比例最大，其次是情绪组，指责组、控制组最小。

从表 9-5 可以看出，对于关心集体、他人的行为，给予最高、最积极评价的人数比例最高的是表扬组，其次是情绪组，最后是指责组和控制组。而表 9-6 对只关心个人的行为的评价，则正好相反。

表 9-7 是对行为复测时，被试的实际行为选择结果，表明表扬组改变行为定向、选择劳动的人数比例最大，情绪组居中，指责组、控制组最小。

实验结论：道德故事的情绪性讲述方式与平淡的讲述方式相比，前者较有助于个体对其内容的吸收，有助于道德体验的产生，有助于道德认识的提高和对道德行为的选择。听故事前进行表扬或指责，会引起个体不同的心境状态，这些心境状态对前一种讲述方式的效果有增强或干扰作用。

本实验的结果可以作适当的引申，用于教育实际，以利于教育方法的科学化和改进。

第三节　教育实验设计

教育实验设计是对实验研究程序的全盘计划和安排，是对教育实验实施的策略的全局性构想。它是教育实验研究中不可缺少的环节，它可以保证实验有计划、有步骤地进行，可以提高实验过程的控制程度，可以说：实验设计的质量直接关系到实验的成败和价值。

一个好的教育实验设计，应符合以下几个标准：有充分的实验控制，无相关变量间的干扰，实验背景不加入人为修饰的成分，具有比较的基础，能够通过客观的数据获得充足的信息，具有代表性又省时、省力。

一、教育实验设计的一般步骤

1. 陈述研究的问题并提出假设。

2. 确定实验处理，即如何操纵自变量。

3. 说明群体（样本总体）、样本、实验单位、抽样方法及样本大小。

4. 确定因变量及测量方法。

5. 判定实验需要控制的无关因素，选择控制方法，设计控制过程和预测控制的程度。

6. 选择合适的实验设计并指出相应的设计假设。

为便于操作可以设计成表格形式。

现举例说明：

表9-8　教育实验的设计[①]

步骤	内　容
1	问题:在中学进行计算机教学（CAI）的效果分析 研究假设：采用计算机辅助教学方式与不采用计算机辅助教学方式相比，对学生的学习成绩、学习兴趣方面产生积极影响，但对学习态度、学生认知能力影响不显著。
2	处理1：在数学课上，利用微机进行辅助教学，课后上机对所学内容进行练习（每人累计上机练习量10课时左右）。 处理2：按课堂正规教学传统方式，只作书面材料的练习，不使用微机。
3	目标总体：北京市中学高中一年级学生。 接近总体：北京市一所城市重点高中的一年级学生。 样本大小：80人。 取样方法：从接近总体中随机指派两个自然班，将每个班随机分为实验组和控制组各20名，注意男女人数相等。 实验单位：每一个独立的学生。
4	因变量：学习成绩、学习兴趣态度、认知能力。 因变量的操作定义：（1）高一数学函数部分学习成就测验（函数运算技能；数学学习保持和迁移效果）；（2）隐藏图形与认知推理能力测验。

[①]裴娣娜．教育研究方法导论[M]．合肥：安徽教育出版社，2000：278.

5	采用的控制方法： （1）随机指派形成被试组；实验组、探制组均进行数学知识、认知推理能力、识别镶嵌图形能力初始状态前测，以保持两组均衡。 （2）控制性别差异。 （3）教学内容相同。 （4）同一时间进行教学，练习作业相同，练习时间相等。 （5）采用同样的后测。 （6）设计了补充实验：在该校初三选取一个班44名学生，根据英语基础成绩采用配对法，随机形成实验组和控制组，进行对照实验。
	实验设计：前后测控制组设计。 统计假设：两个处理组得到的平均数之间差异没有显著性意义。

二、实验设计的类型和方法

教育实验的设计，主要考虑被试、实验处理和因变量的测量等几个因素的确定和安排。被试的选择方法不同，实验处理安排的位置不同，测量因变量的方法和次数不同，实验设计则不同。

为叙述方便，采用一些符号来说明模式的结构。说明如下：

（1）实验设计的符号：

X：表示实验处理（操纵自变量）

—：表示无实验处理

O：表示因变量测量

R：表示随机抽样并随机处理

E：实验组

C：控制组（不接受实验处理的对照组）

……：不等组间的水平线

（2）术语说明：

①前测：实验处理之前对被试进行测量或测验。

②后测：实验处理之后对被试进行测量或测验。

前测及后测要求被试是一一对应关系，使前测和后测的得分能够配对。不是所有的设计都需要前测，但后测是决定实验处理的效果所必需的。

组间设计和组内设计是两种不同的分组法。

③组间设计：也叫被试间设计，是把数目相同的被试分配到自变量的不同水平或不同的自变量上，即一组被试只接受一种实验处理。

④组内设计：也叫被试内设计，就是把每个被试轮流分配到自变量的不同水平或不同的自变量上，即一组被试中的每一个被试都经过整个实验的各种实验处理。

教育实验设计有各种分类的方法，有的分为单组、等组、循环组设计。这里，采用坎贝尔和斯坦利的分类方式，按实验中的变量以及无关因素的控制水平，把实验设计分为两类：一类是单因素实验设计（仅含一个变量），具体包括前实验设计、准（类似）实验设计和真实实验设计。另一类是多因素实验设计（包含两个或两个以上自变量）。

（一）单因素实验设计

这是一种传统的实验设计模式，在实验中只有一个自变量作为实验处理而进行操作。控制自变量可以有多个层次，但这仅仅是同一个变量或因素的不同层次。因此，此种实验设计只能解决某一个问题。如比较研究性教学法与讲授法哪一种更有效。其中，实验处理 X1 研究性教学法和 X2 讲授法，二者仅是自变量教法的两个层次。因此，在这个实验中因变量也只有一个。研究性教学法和讲授性教学法将导致因变量的不同变化。实验假设为：使用研究性教学法将比使用讲授法更有利于提高学生的学习效果。

根据实验设计模式可能导致的结论的精确程度不同，将单因素实验设计分为：前实验设计、准实验设计和真实实验设计。

1. 前实验设计

这种实验设计，仅是一种自然描述，用以识别自然存在的真实关系。因其不能随机分配被试，对无关变量控制也较差，所以误差较高，无法说明因果关系。前实验设计并不是严格意义上的实验研究，但却是真实实验设计的组成部分或主要元素。

前实验设计有三种模式：

（1）单组后测设计

单组后测设计，也叫单一性个案研究。

基本模式：X　O

这种设计只有一组被试，只经过一次处理（X），进行一次后测，形成一种因变量（O），将后测的结果作为实验处理的效应。从基本模式可知，此种设计中被试不是随机选择的且只有一组。即没有控制组、前测加以比较，对无关变量也缺乏控制。因此，实验结论的可靠性很低，没有恰当的理由说明 O 只是由 X 引起的，这种实验设计应尽量少用。

例如：某学校要进行一项数学教法实验，实验假设是使用发现教学法能促进学生计算能力的提高。采用单组后测设计，选取三年级一个班的学生作为被试，经过一学期的教学后，对学生的计算能力进行测验，从学生成绩的结果判定该教法的好坏。在这个实验设计中，因为没有前测、没有控制组，很难说明学生成绩的结果变化是由该教法引起的。这正是前实验设计的缺陷。

（2）单组前后测设计

基本模式：O1　X　O2

这种设计与单组后测设计的相同之处是：都只有不随机选择的一组被试，没有与之相对照的控制组，只进行一次实验处理。不同之处在于：在实验处理前，先对被试进行前测（O1），实验处理后再对被试进行后测（O2），用前后测的差大于零作为实验处理效应。

以上例——数学教法实验为例，可以在实验开始前先对学生进行计算能力的测验，接着用一学期的时间使用新教法授课，学期结束后进行测验，比较两次测验结果之差，用以说明这种新教法在提高学生计算能力方面的效果。

这种实验的优点：

①前测提供了被试在实验处理前的有关信息。

②前后测把被试的两次结果进行对比，能明显地验明实验处理的效果。

这种实验的缺点：

①被试不是随机抽样，所以被试本身的各种变量无法控制。

②没有控制组作比较，不能控制历史、成熟或统计回归。

③前测对被试有一种暗示作用，在没有控制组的情况下很难检验其影响。如果前后测时间短，被试由于在前测中获得学习经验，产生练习效应，出现对后测内容的敏感或疲劳，影响实验结果；如果后测时间过长，则被试会因为保持与遗忘的个别差异而影响实验结果。

（3）固定组比较设计

固定组比较设计，又叫非随机实验组、控制组后测比较设计。

基本模式：E：X O1

⋯⋯⋯⋯⋯⋯

C：— O2

这种设计有两组被试，一组为实验组，接受实验处理（X），另一组不接受实验处理（—）。通过实验组与控制组的比较，确定实验处理的影响。与前两种实验设计比较，有一定进步。

但它的缺点是：

①被试不是随机选择的，也未加任何控制选择偏向，而是从现有的教学情况中，如从原有的教学自然班或某个团体整组取来的，被试是原有的、固定的。因此，被试本身的变量没有得到控制。

②没有经过前测，无法判定两个组在实质上是否等质，是否具有可比性。也就是说，无法判定两组实验结果的差异是原有的还是实验处理的结果。因此，还是无法较好地推论结果关系。

例如：用本设计方法研究上例中的数学教法问题，可以在学校选取两个自然班（三年一班、三年二班），一个班级（三年一班）为实验组，进行新教法授课，另一个班（三年二班）仍然用传统的教法授课。期末对两个班学生同时进行内容、难度与范围一致的测验，从两个班学生成绩的对比中，分析两种教法对提高学生计算能力方面的不同特点、效果。但是实验结果很难排除两班学生原有计算能力差异的影响，难以把差异完全归因于实验处理的不同。

总之，前实验设计是效果最差的实验设计模式，共同的缺点是：缺乏对无关变量的控制，没有控制组或控制组与实验组不等质，结果检验困难。

2. 准实验设计

准实验设计，又叫类似实验设计，是在真实的教育情境中，不能随机分配被试，无法完全控制误差来源的情况下，尽可能加强条件控制的实验。

这种实验设计产生于教育实验发展的需要，是研究者在进行完整的实验控制有困难或不可能的情况下，采用的设计方法。在进行教育研究时，往往会遇到一些困难，比如：教育研究中无法把原来的自然班拆散，以提供随机或等组的样本；学校不愿意提供前测的机会，等等。在这些情况下，使用准实验设计可以解决这些难题，把实验控制得尽量合理。

准实验设计有如下特点：

①以原自然教学班为实验单位，具有一定的外部效度。

②强调对自然班的操纵，但只能对一部分无关变量进行控制。

③运用统计方法进行控制，或运用将一些无关变量纳入自变量的方法对无关变量进行控制。

准实验设计有以下三种主要模式：

（1）不等控制组前后测设计

基本模式：E：O1　X　O2

....

C：O3 — O4

　　这种设计有两个组（实验组和控制组），都经过实验前测、后测，通过实验各组后测成绩与前测成绩之差，判断实验处理（自变量）对因变量的作用。

　　需要说明的是：

　　①在被试的选择上，尽可能地从同一总体抽选或选用相似的样本。实验中的两个组是原有的自然班、年级或学校，不是随机取样分配，因此控制组与实验组不等，但实验处理可以随机指派。在这种情况下，可以通过比较两组被试在与本实验有关的变量方面，如智力、年龄、性别上的差异以及比较前测分数，选择尽可能等质的两个组。如果证明两组等质，便可继续进行研究；如果不等质，则必须寻找替换设计。所以，这种设计必须进行前测，从而提高对因变量分析的可靠性。

　　②统计分析时，应注意把由被试选择造成的差异与实验处理的效果区分开。常用的是基础方差分析（ANOVA）、协方差分析（ANCOVA）、匹配型方差分析和得益分数方差分析等。

　　不等控制组设计在教育实验中应用很普遍。

　　例如：小学数学教学使用学具的实验研究[①]

　　研究问题：探索学具在小学教学中的作用及使用方法。

　　实验处理：①实验班结合教材内容，注意选择和使用各种学具进行教学。

　　　　　　　②对比班仍按普通的教学方法进行教学。

　　取　　样：从东北师大附小 6 个一年级班中通过摸底测验，确定 2 个实验班和 2 个对比班。

　　因变量测定：基本的数学概念、基本的数量关系、思维的灵活性和创造性等三方面内容的测验。

　　实验设计：不等控制组实验　　O　X　O

　　　　　　　　　　　　　　　　　…………

　　　　　　　　　　　　　　　　　O　　　O

---

①马云鹏．小学数学使用学具的实验研究 [J]．江西教育科研，1998(05).

不等组前后测设计的优点是：

通过实验组、控制组的比较以及前后测的比较，可以有效地控制被试选择上的偏差，对成熟、历史、测验、统计回归等因素的控制也比较好，提高了研究的有效性。

缺点是：

①被试不是随机分配的，不能严格控制各种无关变量。

②可能存在前后测的交互作用，对实验结果的解释要慎重。

（2）时间序列设计

基本模式：O1 O2 O3 X O4 O5 O6

时间序列设计是指按一定的时间间隔对非随机取样的被试进行一系列的测验，而把实验处理安排在这一系列测验的某两个之间。通过观测呈现实验变量后的一系列测验分数是否出现连续性现象，从而推断实验处理是否产生效果。

需要说明的是：

①这种设计可以用于无法选择控制组、并可周期性对被试进行同一测验的研究。

②实验处理的插入可以随机进行。

③可以进行任何可能次数的测量，并可将测量与例行的考试合并进行。

④时间序列设计可能产生不同的结果模式，因此需要从实验处理前后的整个发展变化趋势来判断实验处理的效应。

任何一种特定的实验都只能有一种结果模式。

A 模式表明：处理后的成绩水平增加是处理前成绩增加的继续，没有出现不连续性，说明实验处理对成绩没有影响。

B 模式表明：引入实验处理后，成绩是不连续的，处理后的观测分数水平比在处理前所期待的高，这项实验处理显然是有效的。

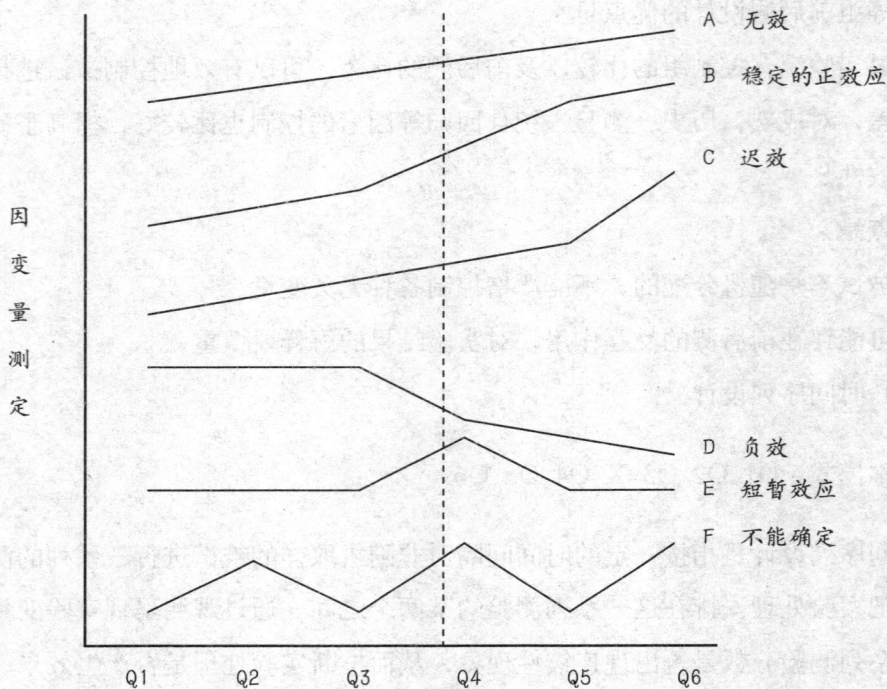

图9-4　时间序列设计的结果

C 模式表明：表面上看，引入实验处理后，好像没有什么效果，然而在最后两个观测量之间出现明显的上升，则可能表明这一实验处理不是无效，而是迟效。

D 模式表明：实验处理以后，成绩发生明显下降，说明这项实验发生了负效应。

E 模式表明：实验处理后，成绩发生一个较短的震荡过程，说明实验处理虽然有效，但是作用持续的时间比较短暂。

F 模式表明：由于曲线是不规则变化，无法确定实验处理是否产生效应。

由以上分析可以看出，时间系列设计由于没有控制组，很难判断不受实验处理的模式怎样。因此，设计中进行多次观测是十分必要的，避免草率地下结论。对结果的分析应特别谨慎，必须从实验处理前后的整个发展趋势来评估其效应，而不能简单地以实验处理前后相邻的两次观测值的差异为依据，仓促地下结论。

对时间序列设计的准实验结果的统计分析，除了使用简单易行的 t 检验外，还可以使用"自回归整合移动平均模型"（ARLMA/ALMA）及有关的技术进行时间序列分析，并作出模型。此种方法可以比较准确地决定实验处理的效果。但 ARLMA 方法较复杂，需要较多的数学知识，就不详细介绍了。

时间序列设计的形式，基本上有两种：

Ⅰ.单组相等时间样本设计

模式：时间顺序 1　2　3　4　5　6……
　　　处　　理 O　X　O　X　O　X……

例：通过组织小学生参观历史博物馆的方式研究其爱国主义情感的变化。选择一组被试（一个有代表性的自然班），实验前，先用问卷测量学生对爱国主义情感的理解和态度，接着组织学生参观，然后复测学生的理解和态度。过一定的时间，再组织参观，再测(可以组织参观另一个爱国主义主题的展览)……教师将几次测量的结果进行 t 检验处理实验效果。

Ⅱ多组时间样本设计（多组时间系列设计）

模式：O1　O2　X　O3　O4　O5　O6　O7
　　　O8　O9　—　O10　O11　O12　O13　O14

多组时间样本设计，包括两个或两个以上的固定组（如自然班），其中一个小组可以作为控制组，应至少对一个小组插入实验处理。常用于学校课堂教学。

在结果分析上，可以将两组被试各自一系列时间前测的平均数与一系列后测成绩的平均数加以比较，从成绩的变化说明实验处理的效果。也可以将两组之间一系列时间的前测成绩和后测成绩相比较，判断两组接受不同处理的效果。但是，如果实验处理后两组的成绩都产生了较大的增长，则不能说明实验处理的影响。因为控制组并没有进行实验处理，所以这很可能是某种同时影响两个组的外部因素在起作用。另外，如果两组前测成绩的组间相似性越大，则越证明两组是等质的，其实验结果就越具有可靠性。

例如：某教师想进行情境教学法对学生语文学习效果的影响实验研究。在这一学期一共进行8次单元测验。尽量随着教学进度的变化，测验涵盖了不同的教学内容，但教师设计了难度大致相等的题目，所以试卷具有大体相同的难度。在第三次、第四次测验间开始使用情境教学法对1班进行授课直至期末，而2班仍然使用传统教学法。

即：1班 O1 O2 O3 X O4 O5 O6 O7 O8

2班 O9 O10 O11— O12 O13 O14 O15 O16

总之，采用时间序列设计有以下优点：

通过一系列的前测、后测，使研究者能在实验处理前评估被试的成熟趋势，并在比较长的时间跨度上检验自变量与因变量的关系，有利于作出比较肯定的因果关系判断。同时，有效地控制了历史、工具等因素的影响。

采用时间序列设计有以下局限性：

①一系列的前后测可能引起被试的疲劳、敏感与练习效应。

②某些周期性因素，如季节、态度、情绪等方面的变化可能对实验结果有影响。更换被试或淘汰被试必须慎重，尽可能保持被试的稳定。

③结果的分析必须慎重。

另外，时间序列设计可以有以下变形。如果条件允许，时间序列设计实验进行较长时间，可以在时间序列中插入多次实验处理。如果多次处理的效果有相当高的一致性，则更能充分证明实验的效果。以下介绍两种多次插入实验处理的方式：

Ⅰ.以随机形式插入两次或两次以上的实验处理。

模式：O1 O2 X O3 O4 O5 X O6 O7 O8

Ⅱ.连续插入

模式：O1 O2 O3 X O4 X O5 X O6 X O7 X O8

3. 真实验设计

真实验设计，是随机选择和分配被试组，并运用控制组加以对照，能够严格控制实验中的实验处理（自变量）、因变量和无关变量，从而获得比较准确的实验结果的设计方法，一般可以简称为实验设计。

真实验设计的模式有很多种，下面仅介绍几种典型通用的设计模式。

（1）实验组与控制组后测设计

实验组与控制组后测设计又称为等组后测设计或随机后测有控制组设计。

基本模式：RE：X O1

RC：— O2

这种设计是从总体中随机抽取被试，并随机将被试分配到实验组与控制组。其中实验组接受实验处理（X），控制组不接受处理（—）。通过实验组、控制组后测平均数的比较，确定实验处理的影响。

例：奇尔德斯和黑斯在 1970 年进行了一项有关两组学生写作效率的对比研究。应用了本实验设计。他们以美国 Wisconsin 大学一年级两个班的学生为被试。通过对学生注册的检查，确定两个班的学生是随机分配的等组，然后对其中的一组进行广泛的预先指导、周期检查，并对论文的展开进行了详细的校正和评论。而对另一组相同论文的写作与展开，不给予特殊的帮助和反馈，最后比较后测结果。

这种设计的优点是：

①从总体中随机抽取分配被试。可以从理论认为，被试为基本相等的两组，而对实验组进行实验处理，控制组不处理，从而控制历史、成熟测验和统计回归等无关变量的影响。

②每组都不做前测，可以避免被试敏感或产生练习效应，从而有效地控制后测（因变量）的效果及测验与历史之间的相互作用，也节省了人力和物力。

因此，实验组与控制组设计对教育研究者来说是有效的设计，可以有效地控制无关变量的干扰和选择偏向的来源，特别适合于以下两种情况：

①因为不便实施或花费过高而无法实施前测或者前测效果不理想的情况。

②前测可能与实验处理发生交互作用时。

这种实验设计还可以扩展到对3个或更多的组进行实验处理。注意，从总体抽取的被试应该随机分配到各组，各种不同的实验处理效应应通过组间比较进行。模式如下：

$$RE1 \quad X1 \quad O1$$
$$RE2 \quad X2 \quad O2$$
$$\vdots \qquad \vdots \qquad \vdots$$
$$REn \quad Xn \quad On$$
$$RC \quad — \quad On+1$$

在实验中有 n 个实验组，但有一组是控制组。

例：研究观看历史资料片、讲授、自学三种教学法对学生的历史知识掌握的影响。

把四年级的每20名学生随机分配在不同的组，这样有60名学生参加实验。第一组在每周的历史课上看历史资料片，第二组在每周的历史课上自学，第三组为控制组使用传统讲授法授课。8周以后，对学生进行测验，测验结果为因变量。

这种实验设计也有缺点：①当取样总体不足时，如 n<30，由于被试数目过少，两组相等或多组相等的假设就难以保证。所以应尽量扩大样本，使被试具有代表性。②对被试的缺失难以控制。③由于没有前测，仅根据后测成绩归因实验结果，可信度仍然受到一些影响。

（2）实验组、控制组前后测设计

基本模式：R：O1 X O2

R：O3 — O4

这是一种最基本、最典型的实验设计。这种设计对被试随机分组,实验组受实验处理,控制组不经过实验处理。两组均进行前后测。

例:解题思维策略训练提高小学生解题能力的实验研究①

假　　设:专门系统地进行解题思维策略训练,可提高学生解应用题能力。

实验处理:(1)实验组:用自编教材,讲解六种解应用题方法(简化法、图解法、　　　　　　　结构训练法、联想法、假设法、对应法),每周3次,每项1节课,　　　　　　　共七周20节课。

　　　　　　　(2)控制组:不讲,只做练习。

总体目标:小学六年级学生

接近目标:X市某小学六年级两个班(六个班中取成绩最好的和最差的)。

样本大小:94人,平均年龄12岁零3个月,其中实验班47人(男22,女　　　　　　　25),控制班47人(男24,女23)。

因 变 量:学生解应用题能力。

操作定义:等值数学难题测验。

条件控制:①随机取样,把分数相差3分内的学生配对分组,删去4名条件　　　　　　　相差太大的学生,随机分成两个等组。

　　　　　　　②同一教师教。

　　　　　　　③前后测相同(等值难题,测验时间与要求前后测一致)。

　　　　　　　④练习内容相同。

实验设计:R　O　X　O
　　　　　　R　O　　O

将该设计与前一种设计相比,实验组、控制组后测设计,因没有进行前测,故只能在理论上假定两组是等质的。本设计增加了前测,有助于更真切地证明两组的等质性和可比性。同时在进行不同的实验处理后,比较两组被试在前后测间产生的变化差异,说明实验处理的效应。即如果 $O2-O1>O4-O3$,则实验处理 X 有效。

同样,该设计也可以扩展到两个以上的组。

RE1　　O1　　X1　　O2

RE2　　O3　　X2　　O4

⋮　　　⋮　　　⋮　　　⋮

①见西北师大教育科学研究所刘电芝文章,《心理科学通讯》1989年第5期。

REn   O2n-1 Xn   O2n

RCO   2n+1   —   O2 (n+1)

注：上述符号表示有 n 个接受实验处理的组和一个控制组。如果使用两个或更多的实验设计，而不需要控制组，称为实验组、控制组前测后测随机分组设计。

实验组、控制组前后测设计的优点是：

①利用随机分配被试组可以控制无关因素的干扰；

②实验组和控制组都进行前后测，便于对照比较。

局限是：可能产生前测对后测的影响，而影响实验的有效性。

(3) 所罗门（Solomen）四组设计

所罗门 1949 年提出，以最简单的形式把前两种设计组合起来，可以得到一种新的设计，即所罗门四组设计。

基本模式：RE1   O1   X   O2

RC1   O3   —   O4

RE2   —   X   O5

RC2   —   —   O6

这种设计有四个组，包括两个控制组、两个实验组。实验组接受的实验处理是相同的，控制组不接受实验处理，并且实验组和控制组中各有一组接受前测，实验结束后，对四组都进行后测，每组被试都是随机分配的。

在分析实验结果时通过 O2 与 O4，O5 与 O6 的关系，就可以看出实验处理（自变量）X 的作用效果如何，同时通过 O2 与 O5，O4 与 O6 的比较可以检查出前测对后测及实验处理的影响，这就是所罗门四组设计的最大优点。

例:研究观看一段创造性思维训练的录像片对大学生发散思维能力的影响。

将 40 名学生分成四组(两组实验组和两组控制组)，每组随机有 10 名被试。对实验组进行实验处理，即看有关创造性思维训练的录像片 60 分钟。对其中的一组控制组和一组实验组实施前测，即进行发散思维能力测验。实验后四组均进行后测，做另一套等质的发散思维能力测验。

所罗门四组设计的优点：实验者等于重复做了四个实验，可以作出四种比较，内外效度较高，可运用 2×2 方差分析来处理实验数据。

缺点：很难找到四组同质的被试，并且当被试数目很多时，数据分析比较困难。一般不适合于探索性实验。

总之，真实验设计的实验效度很高，是最理想的实验研究模式。但受到难以打乱正常教学秩序、无法随机分配被试组的限制。同时对诸如学生的疲劳、学习兴趣等无关因素也难以完全控制。因此，在教学实践中真实验设计的应用受到很大程度的限制。

（二）多因素实验设计

多因素实验设计，是在同一实验研究中同时操纵两个或多个自变量，以发现每个自变量对因变量的影响以及各变量间的交互作用和综合影响的实验设计，又叫因素设计或析因设计。

这种设计不像单因素设计那样只有一个假设，操纵一个自变量考察其对因变量的影响，而是同时检验多个假设。将实验中每一个变量的各个水平都结合起来进行实验，以便更真切地表现教育实际现象和各因素间的复杂关系，具有更好的外在效度，成为教育科学研究中的重要实验手段之一。

例如：研究使用自学辅导法和传统讲授法，对小学不同年级（3-6年级）智力水平不同（高、中、低）的学生学习效果的影响。运用多因素实验设计可以考察不同变量的不同层次间的不同组合对学习效果的影响作用。如考察运用自学辅导法对智力水平中等的三年级学生的学习效果的影响如何。可见，多因素设计是十分有效的考察多因素之间的复杂关系的方法。

多因素实验设计至少有两个自变量，每个自变量至少有两种层次。这种最低限度的因素设计称为一个二乘二（2×2）因素设计，是最简单而应用最广泛的多因素设计。另外还可以有三因素设计（3×3）、2×3、$2 \times 2 \times 2$、$2 \times 3 \times 2$

等多种设计类型。从理论上讲，可以有任意数目的自变量，而且每个变量可以有任意数目的水平。用数字来命名设计，如 2×3，阿拉伯数字的个数表示自变量的数目（2 个），数字的值表示自变量的水平（第一个自变量有 2 个水平，第二个自变量有 3 个水平），但自变量的数目必须与其水平完全相等。前面列举的教学方法对不同年级、不同智力水平的学生学习效果的影响是一个 2×3×4 的因素设计。表示有 3 个自变量：教学方法、智力水平、年级，相应的变量水平为 2、3、4。因素设计中随着自变量和水平的增加，实验处理的数目也增加。例如：2×2 因素设计有 4 种实验处理，如果每个变量增加一个水平，则成为 3×3 因素设计，就有 9 种处理。如果再增加一个具有 2 个水平的自变量，实验处理数就增加到 3×3×2，即 18 种实验处理。自变量的水平必须包含在所有的组合中。因此，实验处理的数目就是因素设计中所有阿拉伯数字的乘积。因素越多、水平数越多，实验就越复杂越难进行。在确定自变量及其水平时要格外慎重，并且自变量水平的组合要尽量随机化。

多因素实验设计的基本模式：2×2 因素设计

		因素A	
		A1	A2
因素B	B1	A1B1	A2B1
	B2	A1B2	A2B2

此类设计的特点是：有两个自变量（A、B），每个自变量各有两个水平，产生 4 种不同的实验处理。如果按照组间设计（每组被试只接受一种实验处理），需要把被试分为 4 个组；如果按照组内设计则每个被试都需要进行 4 次实验。（由于组内设计比较复杂，本书不做介绍。现以组间设计为例，讲解 2×2 因素设计的方法。）

例如：研究两种教法对智力水平不同的儿童学习四则混合运算题的影响。

实验中有两个自变量：教法（A），智力水平（B）。每个自变量各有两个水平：教法（自学辅导法、讲授法），智力水平（智商高、智商低）。产生 4 种实验处理。采用组间设计，将被试随机分配到 4 个组，经过一学期学习后测试并加以分析。

		教法A		平均成绩X
		自学辅导法A1	讲授法A2	
智力	智商高B1	A1B1	A2B1	
水平B	智商低B2	A1B2	A2B2	
平均成绩X				

这种设计可以在一个实验中研究多个变量之间的关系及其对因变量的作用，对某一研究问题可做出多种可能的解释，诸如：

①讲授法与自学辅导法的教学效果有无差异；

②智商高、低不同的学生学习效果有无差异；

③教法与智力水平之间有无交互作用。

统计分析：可以利用独立样本平均数的差异显著性的 t 检验，也可以使用方差分析。

这里需要说明的是：

如果该实验中有交互作用存在，则教学方法（自学辅导法、讲授法）对学生学习成绩的影响将因智力水平的高低不同而有差异。如果无交互作用，则教法对两种智力水平的学生的学习影响均等。

假设实验结果为：

		教法A		平均成绩X
		自学辅导法A1	讲授法A2	
智力	智商高B1	80	60	70
水平B	智商低B2	20	40	30
平均成绩X		50	50	

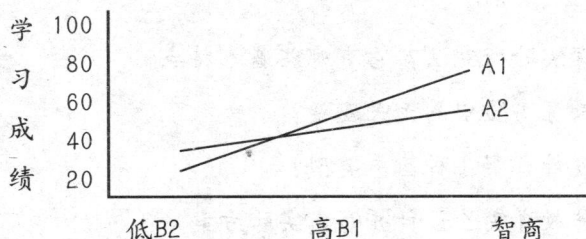

说明：自学辅导法与讲授法的效果连成的直线相互平行，无相交点。表明二者不存在交互作用，即任何一个自变量的结果对另一个自变量的各水平来说都是相同的。无论智力水平如何，自学辅导法总比讲授法有效。

假设实验结果为：

		教法A		平均成绩X
		自学辅导法A1	讲授法A2	
智力 水平B	智商高B1	80	40	60
	智商低B2	60	20	40
平均成绩X		70	30	

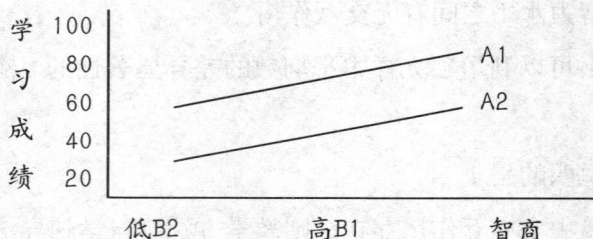

说明：自学辅导法与讲授法的效果连成的直线相互交叉，产生交互作用，即两种方法的成效无法单一构成主要影响力，而受到其他因素（智力）的支配。对于智商高的学生来说，自学辅导法（A1）比讲授法（A2）更有效，对于智商低的学生来说，讲授法比自学辅导法更有效。

以上介绍了教育实验设计的各种基本模式，在使用时应根据实验目的、实验条件、实验者的素质等要素慎重地选择实验设计的模式，同时考虑到实验结果的分析问题，以便真正发挥实验设计的效益，提高实验研究的有效性和可靠性。

思考题：

1. 什么是教育实验研究法？它有哪些基本特点？

2. 怎样控制教育实验中的无关变量？

3. 教育实验设计有哪几种基本类型？

4. 请选择一种教育实验设计并写出实验方案。

第十章　个案研究

第一节　个案研究概述

个案研究是教育研究中一种常用的研究方法。它不仅是一种研究方法，也是一门复杂的认知过程，是帮助个人解决现实问题的理论。

通常认为个案研究（case study）是指采用各种方法，搜集有效、完整的资料，对单一对象进行深入细致的研究过程。通常个案研究是对特定的人、事、物所进行的描述和分析，研究对象可以是一个人、一个机构、一个社会团体等，资料搜集可以采用查阅档案记录、问卷、测验、访谈、观察等方式。

个案研究一般都采用评判法进行，即以系统的方式对个体、个别事件或案例作深入的研究及调查，结合主观评判，试图用推理方式解释、分析所收集来的事实资料，提出解决问题的方案或策略。

个案研究的任务是对个案的行为特征提出描述性的报告，并为最终判断提供现实的证据。个案研究常被看成是自然主义的、描述性的、质化的研究，与实证主义的、验证性的、量化的研究相对应。事实上个案研究不是以质化与量化研究来划分的，而是以研究对象的单一性来界定的。个案研究是一种综合多种研究手段进行研究的方法。

一、个案研究的含义

个案研究是针对单一个体在某种情境下的特殊事件，广泛系统地收集有关资料，从而进行系统的分析、解释、推理的过程。因此，狭义的个案研究是指对单一特定的人、事、物所做的描述、分析及报告。广义的个案研究则可界定为：采用各种方法，收集与研究问题相关的资料，对单一个体或一个单位团体作深入细致研究的过程。个案研究在学校教育教学、心理咨询、行为矫正等工作上具有重要意义。对于某些适应欠佳或学习困难的学生，必须给予特殊的处理，针对其所发生的行为和事件，利用客观、科学的方式收集有效的个人资料，并以此作为诊断及推理的依据，然后向研究对象提供正确的辅导策略，帮助其解决问题，以达到最佳适应。

个案研究的意义可以具体体现在以下几个方面：

（一）教育教学研究历来重视个体的发展和个别差异，通过个案研究可以详细地描述个案特征，有助于因材施教，促进学生的全面发展；

（二）以个案的具体实例来解释和说明某种抽象的理论和观点，为进一步证实理论或假设提供依据；

（三）验证某一种治疗方案或辅导策略的可行性和有效性，为解决某类问题提供操作的策略与步骤；

（四）在可能的情况，试图将个案的研究结论适度地推广到更大的同类群体中去，发现或描述个体或事件中的趋势；

（五）个案研究信息的累积有助于对事物总体的归纳，可以为以后的研究分析、理论概括做好准备。

二、个案研究的应用范围

个案研究应用范围很广，如医生对病人所做的诊断及治疗、心理咨询者的咨询和辅导、学校教师对学生特殊行为的矫正、司法机关对刑事案件的审理等。在教育研究中，个案研究往往适用于对不良问题的研究或对某些难以重复、难以预测和控制的事例进行研究，如学生辍学、学业失败、家庭破裂、道德不良、青少年犯罪等。也适用于对学生的心理问题和人格偏差的诊断研究和矫正研究。

在学校教育中，个案研究由于研究对象少，研究规模较小，在自然状态中进行，需要较长时间的跟踪，因此是一种特别适合于教师使用的研究方法。在一所学校或在一个班级中，总会有一些学习困难或行为偏差的个别学生，采用常规的教育教学方式往往难以奏效，因此需要对其进行全面而深入的研究，必须给予特别的处理。通过收集有关个人的资料，可以了解学生的实际情况或问题的症结所在，诊断形成问题的原因，然后针对性地提出矫正方案或提供正确的指导策略，帮助学生解决问题。

一般来说，个案研究以描述与解释对象的特征为主，如要对某一学生辍学进行个案研究，目的在于了解该生为什么要辍学，要分析该生辍学的内在因素与外在因素，提出如何解决辍学问题的措施和方法等。又如，要对一所声誉卓著的学校进行个案研究，目的就在于描述该校的特征，分析该校之所以声誉卓著的理由，并解释与之相适应的条件。

三、个案研究的特征

（一）研究对象的单一性

个案研究，顾名思义，研究的对象通常是单一个体或单一群体，即使研究中有多个被试，通常也把他们作为一个单位或某个问题看待。个案研究的对象往往是那些具有特殊行为表现的个体或具有反常行为的个体，如天才儿童、弱智儿童、辍学儿童、问题儿童、残障儿童等。

（二）研究方法的综合性

个案研究收集个案资料的方法是多样的、研究的手段是综合的。研究中常常要综合测验法、访谈法、调查法、观察法、实验法、文献法等多种方法进行。只有这样才能比较全面、系统地考察研究对象的特点及其发展变化的过程和规律，从而得出比较科学的结论。

（三）研究内容的深入性

个案研究的研究周期一般比较长，需要对个案进行连续的跟踪研究。不但要研究个案的现状，也要研究个案的过去，还要跟踪研究个案的发展。由于个案研究的对象单一，便于对个案进行深入细致、全面系统的分析和研究。

第二节　个案研究的基本步骤

一般说来，个案研究的过程，从实际操作程序上可分为下列六个步骤。

一、确定问题性质

问题是什么？必须加以确认及界定。有时候问题性质并不如问题表面上所显示的那么明显易察，因此确认问题性质时，研究者不要"以偏概全"来界定问题性质。

二、把握问题关键

问题的关键是什么？必须通过资料的收集，从问题的性质中找出相关资料，再加以核对、评估及分析，进而确定问题要解决的答案。

三、了解问题背景

个案问题的发生有其独特的背景和缘由，实际问题的状况与理论上或理想上的普遍情况不尽相同，其间会有差距。因此研究者必须通过各种渠道了解问题发生的过程、条件，了解个案的内在动机和社会环境等外在因素。

四、提出解决方案

为了达到解决问题的目的，研究者可以根据过去处理类似问题的经验及方法提出处理意见，也可以独特的创新方式，提出解决问题的方案。

五、付诸行动，检验结果

解决问题的方法会有许多，这些方法中哪些富有实效则要在行动过程中加以检验。当解决问题的方法无效或出现新问题时，可以回到前一步骤，重新探究解决问题的方法。就这样不断地循环重复，直至问题的最终解决。

六、形成最佳决策

研究者在比较评价各种结果的基础上，选择解决问题效果最好的方法形成最佳的研究决策。

以上六个步骤是互相联系的整体，前一步骤是后一步骤的基础，一旦哪个步骤出现问题，可以返回到前一步骤，重新探究。个案问题解决程序见下图：

步骤1	步骤2	步骤3	步骤4	步骤5	步骤6
确定问题性质	把握问题关键	了解问题背景	提出解决方案	付诸行动检验结果	形成最佳决策

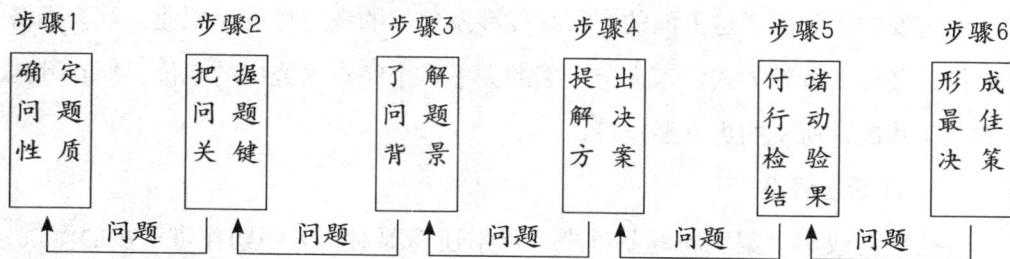

图10—1 个案问题解决步骤流程图

如果个案研究的对象是某位学生的话，也可参照下列基本步骤进行。

1．确定研究对象

研究者应根据个案研究的目的和内容以及对个案问题行为的界定，选择典型的人或事为研究对象。例如，研究的目的是了解超常儿童的特点，探索超常儿童的成长规律，那么就应该选择智商高的、学习成绩出众的学生作为研究对象。在教育教学研究中，个案研究的对象通常是生理心理障碍者、学习成绩差的学生、行为偏差学生、情绪异常学生、资优学生等。

2．收集个案资料

全面地收集个案资料是个案研究有效性的重要保证。全面系统的个案资料有助于研究者对个案的完整认识。收集资料的方式是多样的，可采用书面调查、口头访问的方式，也可采用观察、测验、评定的方式，还可以通过查阅个案的个人资料的方式获得信息。个案资料的来源大致有：

（1）个案的个人资料。个人资料众多，除了收集个案的基本资料，如姓名、性别、年龄、出生年月、籍贯等，常常还涉及个案的身心健康状况，如身高、体重、病史、性格、气质等。另外，还要收集个案历年来的学习手册、考试成绩、作业、日记、周记等相关资料。

（2）学校有关记录。个案的学校记录资料比较规范，又有延续性，易作前后对比。资料包括各种情况登记表，成绩记录，能力、兴趣、人格、智商等测验结果，操行评语，奖惩情况，教师和学生的评价等。

（3）家庭和社会背景。家庭和社会背景涉及个案的个人生活史，是个案研究的重要的信息源。这方面的资料往往涉及父母的教育程度、职业、社会经济地位，父母的管教方式，家人与个案的关系，个案在家庭中的地位，所在社区的文化状况，所交的男女朋友等。

3. 诊断与假设

在广泛收集个案资料的基础上，常常还需要对相关问题作进一步的测试，以诊断问题的症结所在，推论原因——主因、次因、远因、近因等，形成初步的假设。诊断最好能有标准化的测验量表。

4. 个案分析与指导

个案研究收集到的资料往往比较粗糙、琐碎，难以直接解释问题，因此需要用逻辑思维的方式对有关资料进行理性的加工。个案研究不仅仅要提出研究的问题，还需要提出解决问题的策略和指导性意见，因此在对个案问题作出明确的诊断和假设后，接下来需要针对性地提出解决问题的策略和行为矫正的方法。

5. 实施个案指导

通过跟踪、观察、记录等方式验证先前的诊断和假设。在个案研究的诊断与假设、分析与指导过程中难免会有错误的判断和推论，因此需要在实际的个案实施过程中，通过多方面的信息和资料来检验先前主观推断的合理性。

6. 形成结论

对个案的表现进行讨论和评估，提出建议，得出结论，撰写个案研究报告。

个案研究除了收集个案相关资料外，还需与个案进行沟通，以达到辅导、咨询、解决问题的目的。沟通方式可以是一对一的，也可以是多对一的。沟通形式可以是正式场合，也可以是非正式场合。在沟通过程中，研究人员要特别关注个案的非语言信息，动作、表情等，以了解个案反映的真实性。

个案研究毕竟是定性研究，无论是个案的资料的收集，被试个人的陈述，或是他人的判断，以至研究者的决策，都不能避免主观因素的影响。如果判断错误或处理不当，将使被研究者蒙受莫大的损失，这是值得注意的。

第三节 个案研究的具体操作

个案研究过程中，个案问题的界定、问题的描述与分析、相关资料的收集、个案问题的判断和抉择以及个案问题的推论等，都是复杂的认知过程，需要技能和技巧。下面就具体操作作些说明。

一、个案记录方法

个案研究中个案记录具有重要作用，个案研究不仅要收集有关的资料，还需要将资料整理、记录，形成报告。个案记录就是研究者保存的备忘录，也是整个研究最重要的参考资料。个案记录类似病历记录，必须以客观、准确、清晰的方式加以描述，必须建立在充分收集相关资料的基础之上。

个案资料记录方式很多，需要记录的内容也会有很多，我们不可能把个案所有的内容不分巨细地记录下来。因此个案记录的基本原则就是要保持资料的完整性、正确性、可靠性。在这个基础上，尽量使个案记录观点简洁、明确，内容易于联系、理解。个案记录的方法有很多，如直接描述法、图表表示法等，这里仅从结构描述法的角度进行分析。

1. 结构描述法

结构描述法在个案研究中运用比较普遍，即按某种框架结构（可以是大纲形式，也可以是摘要表格形式）将个案资料加以分类，然后将有关的资料重新组织，形成一个比较完整的个案记录。这种记录方法便于检索有关个案的资料，除可以从记录中发现资料的缺乏或遗漏之处，还可以进一步收集更详尽的资料。

结构描述法除了按规定的框架内容描述个案情况外，有时可以将个案资料相关部分归类，制成表格形式，这样对个案的情况可以一目了然，可以简便地查检到个案的有关资料，形成有效的推论。下面就是根据某一个案情况拟订的表格。

专栏：个案A资料记录①

一、个案名称：个案A

二、记录方法：结构描述法

———————————

①陈李绸.个案研究[M].台北：心理出版社,1996:23.

三、个案资料：

早期家庭关系：

1. 父母：父亲事业忙碌，母亲操劳家务，无暇与个案A充分沟通及陪伴个案A。

2. 弟弟：个案A有个相差十岁的弟弟，在心理、情感上无法产生互动。

   教育：个案A高三即将毕业，已获得音乐学院入学通知。

   年龄：17岁。

社交关系：

1. 同伴：同学眼中的优秀学生，又肯主动帮助同学，与同学相处关系融洽，并与好友组织乐队。

2. 老师：个案A是老师心目中的好学生，对他的期望非常高，但无法了解他的内心世界。

3. 父母：无法与双亲沟通，不能向双亲倾诉心中苦闷，而父母又很信任他，很放心地认为他是好孩子，应该没有任何问题。

自我概念：

1. 对自己期望甚高，凡事力求完善，但对自己的能力却因无法达到自己的自我要求而失望。

2. 因为周围的人无人能理解他而异常苦闷。

3. 感受到老师、父母、同学对他的压力，而觉得无法承受。

行为偏差：

由于压力过大，出现对抗教师和其他同学的一些行为（具体表现……）。

未来策略：

1. 老师：（1）对学生的期望应适度，不可过高，不能要求其能力所不及。

（2）学生的意见应让其有充分发言的机会与渠道，并要时时鼓励。

2. 父母：不要只忙于工作，应时常抽空多与孩子沟通，陪伴孩子，了解孩子的需求。

表10-1　个案资料表格

	问题叙述	诊断分析	矫治策略	效果建议
行为	①旷课 ②破坏课堂纪律 ③有偷窃行为 ④出手大方，乱花钱 ⑤结交异性 ⑥常去卡拉OK、舞厅 ⑦抽烟喝酒 ⑧……	离异重组家庭 行为无人管教 结识不良朋友	老师找他谈心 了解交友情况 安排同学接近他 强调校纪校规 反省自己不良行为 要求家长配合 断绝与不良朋友来往	……
学业	①学业成绩不良 ②经常不交作业 ③上课不专心 ④数学、物理不及格 ⑤考试作弊 ⑥……	智商中等水平 没有足够学习时间 家中学习环境不好 学习挫折太多	任课教师补缺补差 创设学习环境 保证做作业的时间 多给予鼓励和赞扬 ……	……
认知	①认为老师有偏见 ②家长不理解他 ③自暴自弃 ④对一切都无所谓 ⑤……	需要理解和帮助 需要成功和表扬	老师与个案交朋友 家长与孩子多沟通 发现个案的闪光点 鼓励积极向上 ……	……
情感	①总想表现自己 ②爱打扮，穿名牌 ③挑衅、惹是生非 ④讲义气、打抱不平 ⑤……	要树立正确人生观 更多地给予关注	多给予表现的机会 尽量从个案的角度 考虑问题 ……	……
人格	①倔强、易冲动 ②直爽、无心机 ③不愿受拘束 ④爱吹牛、狡辩 ⑤……	教育要晓之以理， 动之以情	承担一定的班级任务 培养责任心 遇事要冷静 ……	……
其他				

2. 半结构描述法

有时研究者为了了解个案的基本资料，可以用半结构式的个人评定记录方法来描述个案问题，即根据实际情况逐项填写个案清单中的项目内容，从而获得个案身份、人格等基本资料。下面是半结构式个人评定记录的项目内容①。

（1）身份和外表：姓名、居住地、职业、个案来源、相貌特征等。

（2）生活史：个案史、过去经验、现在发展等。

（3）目前状况：目前个人的处境、如何形成目前的情境等。

（4）未来透视：未来需掌握的是什么？环境的机会及限制，采取行动会导致什么结果？将来会有哪些变化？

（5）习惯与活动：生活习惯如何？如何支配时间和金钱？

（6）经济状况：经济来源和物质供应来源。

（7）实际事件：从实际发生事件中显示出的个人心理特征的是什么？

（8）身心健康：个人目前生理及心理健康状态，有哪些不正常的想法、感觉、行动或欲望？

（9）普通人格特质：平常个人表现如何？较持久性及一致性的行为举止是什么？

（10）特殊人格特质：在特殊情况下的行为表现如何？

（11）表达能力：个人如何表达其感觉及态度？

（12）动机状况：个人需求、企图、欲望、惧怕、喜欢或不喜欢的东西。

（13）能力：个人能做些什么？不能做些什么？适应环境的能力是什么？

（14）处事的倾向和感觉：个人对所遭遇的情景，感受如何？有何期待或想法？

（15）理想与价值观：个人的基本信念、价值观和道德原则。

（16）自我概念：个人对自己的态度如何？想法如何？如何描述自己？

（17）兴趣：个人认为重要的事情是什么？相关的事情如何影响的？

（18）社会地位：个人的社会地位如何？别人对他的看法如何？

（19）家庭亲属：个案与谁关系最密切？行为上最像哪些人？

（20）友谊和忠诚：谁是他的最要好的朋友？对哪个人最忠实？

---

① 陈李绸．个案研究 [M]．台北：心理出版社，1996:23.

（21）对他人的反应：个案对他人的反应如何？如何想法？如何期待？

（22）他人对个案的反应：别人对个案的反应、想法、期待如何？

（23）与他人的交互关系：与他人分享的兴趣及活动是什么？

（24）与他人共同或相异的观点：个案与他人比较，与他人相同及相异的看法？

好的个案记录应该具有的特征是：准确、客观、完整，并且是简明和清晰的，易于理解和查阅。个案记录可以按时间顺序记录，如按年月先后顺序记录，或按研究进程的阶段（起始、调查、诊断、治疗、跟踪）记录；也可以按专题内容分项记录，如家庭状况、社区环境、文化背景、教育、娱乐活动、兴趣、健康状况、精神状态、职业、经济收入等。

在教育系统中，个案记录常采用累积记录的方式，即对个案学生在相当长的一段时间内进行跟踪记录。这种记录形式既可以满足教学需要，利于发现学习成败的原因，识别特殊的才能，又有助于个案诊断和提供矫治策略。在学校可用于累积记录的内容有：各门课程的成绩、能力倾向测验、性格气质的评定等级、出勤率、健康状况、体检资料、参加活动情况、学生的轶事材料、兴趣、态度、同伴关系等。

二、问题的描述与分析

在确定和识别要研究的个案后，个案的描述与分析是个案研究过程中的关键一环。个案问题的描述与分析是否符合科学方法的要求，关系到整个研究的正确性和可靠性。有些个案研究报告常常将个案的事实资料与意见资料混为一谈，因此难以分清个案的实质问题，对个案的推论形成威胁。

作为个案研究者在形成个案研究报告时，必须明确描述哪些是事实资料，哪些是有关的证据，哪些是研究者的推论和价值判断。

个案研究中"事实"资料是涉及个案真实发生的事件，而"意见"资料则涉及主观的感受和价值判断。"事实"资料比较容易被确定，"意见"资料则往往难以判断，有时一个描述的句子中，有部分是"事实"，有部分是"意见"。

描述个案资料时，难免将"事实"资料与"意见"资料混淆，但研究者必须能清楚地区分哪些是"事实"，哪些是"意见"。分辨"事实"与"意见"的方法主要有以下几种。

(1) 简单判定法。根据研究者自己掌握的知识和经验，对"事实"资料或"意见"资料进行主观的定性判断。

(2) 逻辑推理法。采用归纳或演绎的方式，从个案基本资料的内容中，推断"事实"与"意见"。

(3) 提问澄清法。通过提问方式帮助研究者澄清叙述句的真实性和有效性。如"这个句子什么意思？""这是真的吗？""还有别的证据吗？"等。

(4) 多重证据法。对不同来源或不同方式得来的资料或信息进行比较分析，看是否具有一致性来判断资料的真实性。

个案研究资料的描述与分析是一件相当耗时费力的工作，由于时间精力的限制，有时对于与个案相关的资料未能全面收集、深入探讨，有时只能按一般常识和经验对个案加以处理，因此常常会造成错误的判断和推论。个案研究者有必要考虑以下一些问题：

(1) 个案研究准备解决什么问题？

(2) 与主题相关的证据有什么？

(3) 如何去获取有关资料？

(4) 如何选择相关资料，淘汰无关资料？

(5) 如何解释收集到的资料？

(6) 如何分辨"事实"资料和"意见"资料？

(7) 如何提出解决问题的方案和策略？

总而言之，个案问题的描述与分析必须明确区分证据与推论，辨别"事实"与"意见"。研究者需要广泛地收集资料，多渠道地观察，合理地作出逻辑判断，使个案的描述与分析具有较高的信度和效度。

三、个案研究报告

个案研究报告是个案研究的表现方式，是个案研究的过程中必不可少的一环。通过个案研究报告可以了解个案的基本情况及处理的过程。正如医院看病，医生写的病历一样，可以为以后的诊断、治疗提供依据。

1．个案研究报告的类型

个案研究报告的表达方式可以多种多样，大致可分为以下几类：

（1）描述性报告。描述性报告比较详细地叙述个案资料，直接而精细，可以将一些片段并列或串联，不用转述而用原话，尽可能用客观描述来呈现对个案的解释。但整理报告的时间较长，重心难以把握，较为繁复。

（2）简介性报告。简介性报告像一幅个案的速写，着重反映个案的主要特征，比较简洁。报告整理时间较短，较能显出问题的重心，不过往往难以详细获知一些有关个案的细节部分资料。

（3）分析性报告。分析性报告通常对论点进行直接的论述，对论点均需提供论据，并需说明个案的各种可能现象及推理历程。分析性报告是一种企图利用客观的方式呈现个案资料、但又无法全然放弃主观判断的呈现方式。

2．个案研究报告的基本格式

个案研究实际上就是用各种方法收集个案的相关资料，通过科学的推理，提出解决问题的策略，进而评价其效果的研究过程。个案研究不仅是一种研究方法，也是复杂的认知过程，并且是解决问题的理论框架。典型的个案研究报告的格式大致涉及以下几个方面：

（1）基本资料：姓名、性别、年龄、学习程度、籍贯等。

（2）个案来源：别人介绍、自己寻来或其他关系等。

（3）背景资料：父母及其他人的年龄、教育程度、职业等。

个案家庭史：父母、兄弟姐妹、其他人。

个案与家庭的关系：父母的管教态度、亲子关系、兄弟姐妹的关系等。

个案的学校生活：对学校的态度、学习能力、学业成绩等。

个案的社会关系：人际关系、与朋友的交往等。

（4）主要问题的描述。

（5）诊断和分析。

（6）指导策略。

（7）实施指导策略。

（8）实施结果。

（9）跟踪及讨论。

四、个案研究的自我检测

在个案研究过程中或在个案研究完成时，我们可以用下面一些问题作为个案研究自我检测的评价准则：

1. 是否界定和说明了研究问题以及个案的基本情况？

2. 个案记录是否简洁明确？

3. 是否遗漏或忽略了个案的重要信息？

4. 是否用多种手段或途径来收集个案的资料？

5. 对个案资料数据的来源是否加以详细说明？

6. 对个案特殊行为是否详细加以描述？

7. 是否提供个案家庭背景的情况说明？

8. 所获资料是否确实可靠？

9. 是否说明个案行为发展变化的过程和经历？

10. 诊断是否有充分的依据？

11. 对行为的判断是否运用测验或推论？

12. 是否考虑到个案作弊的可能性？

13. 是否注意到个案的行为动机？

14. 对个案的矫治是否考虑到伦理问题？

15. 对未来的矫治计划是否作了充分考虑？

16. 是否针对性地提出具体的矫正辅导的措施、方法和过程？

17. 是否准确解释矫正辅导的效果?

18. 个案报告的撰写格式是否规范?

19. 他人阅读个案报告后是否会对个案有真正的了解?

当然，不同内容的个案研究会有不同的研究方式，会有不同的评价方式。一般而言，以上这些问题在进行个案研究时是必须要考虑的问题，可供研究者进行个案研究时参考。

思考题：

1. 什么是个案研究?

2. 个案研究的基本步骤有哪些?

第十一章　教育历史研究法

第一节　教育历史研究法概述

一、历史法涵义

为了学习历史法，首先应对历史、历史研究等概念作一些了解，然后再来探讨教育历史研究及其方法问题。

（一）历史

宇宙间万物都有自己的历史，因此，历史这个概念就有很广义的理解，比如：天体演化的历史、地质生成的历史、海洋形成的历史、植物的历史、动物的历史、人类的历史等。但是，我们常说的历史，是一种狭义的历史，即专指人类的历史。教育的历史则是人类历史的一个方面。

狭义的历史具体又该怎样理解呢？对此人们也有不同的解释。人们可以说，人类社会一切已经发生过的事件都是历史，这种说法强调了历史的客观性。显然任意编造的事件不能称为历史。但是，人们怎样才能知道在人类发展进程中都发生过什么事件呢？要了解这个问题，只有通过人们能看到的文字资料或其他非文字资料才能知道。因此，一些人又认为过去年代里人类社会留存和文字记载的事件叫历史。但是，对此人们又要问：尚无文字记载或尚未发现的那些有可能存在的事件就不是历史吗？显然对于这种可能性也是无法否定的。那么应该怎样理解历史这个概念呢？回答这个问题，要兼顾主观和客观两个方面：没有历史事件的客观存在，也就不会有历史事件的发现与记载；但历史事件不能自动地再现或记载下来，只有通过人们去努力，历史事件才能被发现或记载下来。所以，历史应该是主观与客观的统一。例如，甲骨文片没出土之前，人们并不知道甲骨文的存在，也谈不上这种历史。但毕竟它还是存在的，否则就谈不上发现，同样也谈不上这种历史。有了这样的理解，我们就可以给历史一个简单的定义：所谓的历史，是指人类社会已发生的事件及其留存和记载。

（二）历史研究与历史法

既然历史需要人去记录、发现，那么就有了历史研究问题。比如，挖掘地下埋藏的文物、记录民间传说、整理编纂历史档案等，都叫做历史研究；文物的发现需要去测定年代、需要去释读、需要去揭示它的意义，记录的民间传说需要识别，要编纂的历史档案需要订证可能存在的错误等，也叫做历史研究；这些还不够，人们还需要通过这些资料来揭示历史事件的来龙去脉，找出事件的原因与结果的联系，总结历史经验，预测社会发展趋势，这些也叫做历史研究。为了完成这些研究，人们在实践中逐步形成了一套特殊的原则、方法与技术，例如历史研究的原则、实物考证的方法、文字训诂的方法、文献考订的方法、史料编纂的方法等。因此，所谓历史研究就是史迹的发现、整理、考、订、诠释，并在此基础上对人类历史发展的状态及其趋势作出说明。而所谓历史法也就是指上述那些发现、整理、考订、诠释、阐述、说明的原则、方法和技术。

教育历史研究是历史研究的组成部分，因此，研究教育历史现象的方法与上述一般历史研究的原则与方法是完全一致的，只是其具体内容有特殊性。

二、教育历史研究的意义

对教育历史的研究，并不局限于教育史的专业研究，其他类型的研究也要涉及到教育的历史问题研究，因此教育历史研究的意义可以从两个方面去理解。

（一）专业教育史研究的意义

1. 满足人们的情感需要

人们或多或少对于历史事物都怀有特殊的情感和兴趣，所以名胜古迹成为最有旅游价值的去处。诸如历代太学、学宫、书院、碑林、宗庙、寺院以及著名的孔府、孔林，都是旅游胜地。人们去游览、观光，未必有什么特别的目的，多数人是怀有一种思古情怀，而不惜旅途劳顿，这是一种健康、高雅的情感。通过对古代教育遗迹的挖掘、整理、研究，可以更多地激发人们对我国悠久的教育历史的自豪感，满足人们的情感需要。

2．满足人们的认识需要

人们从小孩时起，遇事就喜欢刨根问底，想知道来龙去脉，这是人的天性，到了成人逐渐形成历史的观念。人们遇到这类问题：文字是什么时候、怎么来的，学校是怎么出现的，过去的学生什么样，他们读什么样的书，老师是什么样的等，对大多数学生和教师以及其他人都有一定兴趣，所以研究教育的历史可以满足人们这种认识兴趣的需要。对于研究者来说，就更重要了。人们常说，认识现在必须了解过去，这话很有道理。历史是不间断的发展过程，现在是过去发展的结果，而过去是现在发展的原因，因此，要认识现在必须了解过去。对教育研究者来说，研究历史不在于发思故幽情，而是要了解教育中的各种现象、各种事件发展的过程和面貌，从而能更好地解释、说明今天的教育实践。可以说，任何对历史没有了解的认识，都是不完整的认识。

3．满足人们改革实践的需要

人们常说，鉴古知今，前车之辙，后车之鉴。从事实践改革，需要了解实践是怎样发展的，历史上有无类似的改革需要，改革的结果是什么，有什么经验和教训，这样才能使改革更有根据，增进改革的信心和决心。例如，在当前强调学生智力发展和个性发展的改革中，你们就应该了解自欧洲文艺复兴以来的教育思想家和教育家们的理论主张和改革实验，了解我国的孔子、孟子、王守仁、朱熹、陶行知的思想主张和实践，看看我们自己的改革主张和实验与历史上的理论和实践有哪些联系与区别，有哪些经验和教训要吸取等，这样做，一定可以有所收益。

4．满足人们展望未来的需要

为了生存竞争也好，为了憧憬美好生活也好，总之展望未来也是人们的一种需要。常有人说"历史有惊人的相似"，未来是过去与今天的延续，有共同点是必然的，所以通过研究历史来预测将来完全是可能的。但是人们预测未来更多的是想象未来与今天有什么不同，有什么新变化，这一点恐怕只有研究历史才能有把握猜测。因为只有通过历史研究，才能了解社会发展变化的规律，从而预测未来的发展变化。事实上，人们如果没有对历史的深刻理解，是无法制定教育发展的长期规划的。今天，人们为 21 世纪的发展从教育上作准备，只有那些历史感比较强的人才真正理解它的涵义，提出的方案和主张才能更符合 21 世纪教育实践的真正需要。

（二）其他类型课题研究教育历史的意义

对于其他类型的课题研究，例如调查研究、实验研究、个案研究、行动研究等，常常也需要了解与课题研究有关的教育历史情况，这种了解可以为论题提供历史线索，开阔思路和眼界；可以为论证假说提供历史证据；可以为评价教育研究成果提供参照标准；还可以培养研究者的历史主义观点、全面看问题的观点等。总之，大多数研究课题都或多或少离不开历史研究。

三、教育历史研究的范围

从一般意义上讲，教育历史研究的范围就是研究历史上的一切教育现象，但这样说太笼统。实践中，人们把教育历史的现象划分为若干大的门类，这些门类包括教育通史、教育思想史、教育制度史、比较教育史、教育部门史（高等教育史、中等教育史、初等教育史、幼儿教育史、师范教育史）几种。其中一些门类还可以继续划分，比如古代教育史、近代教育史、现代教育史、教育家史传、课程史、留学生教育史、教会教育史、语文教育史、数学教育史、物理教育史、化学教育史等。总之，某一种教育现象如果有一个长期发展、变化的过程，都可以成为教育历史研究的题材或者成为一个门类，只要这个题材具有普遍性意义就可以。

四、教育历史研究的原则

教育历史研究是历史研究的一个方面，因此，它要遵循历史研究的一般原则。对于教育历史研究来说，要注意以下几点：

（一）坚持历史整体性观点

历史是一个延绵不断的整体，具体事件又在千变万化。只有坚持整体研究的观点，才能正确地认识历史事件。例如启发式教学思想，早在二千多年前孔子就提出"不愤不启，不悱不发"的主张，其后孟子、思孟学派论著《学记》、汉代郑玄、唐代韩愈、清代颜元、民国时期陶行知以及 50 年代以后对启发式教育思想的讨论，总之，历代都有人在提倡、在阐发。要想研究启发式问题，只有把它前后的发展作为一个有紧密联系的整体，综合思考，才能把握这种思想的嬗变，揭示出它的变化和发展。而在西方，大约与孔子同时，古希腊的苏格拉底也以"反诸法"名目，提倡启发式，其后有柏拉图与亚里士多德、文艺复兴时期有维多里诺。18 世纪有大百科全书派的教育家，19 世纪有裴斯泰洛奇，20 世纪有新教育和进步教育学派，都以不同形式提倡启发式，只有把它们作为一个整体，才能揭示西方启发式思想和实践的发展及其特点。

（二）坚持历史事件普遍联系的观点

梁启超在《中国历史研究法》中讲："史之为态，若激水然，一波才动万波随。旧金山金门之午潮，与上海吴淞口之夜汐，鳞鳞相衔，如环无端也。"生动地形容了历史事件之间的互相关联与激越。因此，要理解教育历史事件、正确地阐述其意义，必须采用广泛联系的观点，把事件放在特定的历史环境中去，通过对历史环境的考察，才能正确地揭示事件的特定的意义与作用。这就是所谓"读史如读画"的道理。例如，要研究 20 世纪 20 年代到 40 年代中国的教育改革运动，就必须把这个事件放在国际教育改革的大背景中，放在中国国内政治、经济和社会发展的大背景中，考察它们与欧洲和美国及亚洲的新教育运动、进步教育运动之间的联系；考察中国教育改革的领导者胡适、陶行知、晏阳初等人与杜威、克伯屈、孟禄、蒙台梭利、拉伊、梅依曼、麦柯尔之间的联系；考察中国的政治局面、社会经济形势、国内的新文化运动对教育改革的影响。只有这样，才能揭示 20 世纪 20 年代到 40 年代中国教育改革运动发生的原因、发展的过程和其结果的特定意义。

（三）坚持史论结合

史论结合，大体包括两方面的意思：一方面是历史研究必须从历史事实出发，历史事实不能伪造，不能歪曲，不能有错误。这种研究包括历史遗迹的发掘、考释和文献资料的辨伪、正误等。只有资料充分、正确，才能保证研究工作的正确性、科学性。另一方面，历史研究又不要仅仅局限于历史实事研究，还要在此基础上进行分析、概括，从事实中发现历史发展的因果关系，从中揭示历史规律、预测社会发展趋势、汲取经验教训等。从总体上说两个方面的工作都不可偏废：历史事实的研究是基础，没有这个基础，谈不上引出任何推论；引出推论又应成为史实研究的目的与方向，以便使历史研究成为更有理论意义和实践价值的科学。

在历史研究上有分工是必要的，有的人专门从事历史事件的考证工作（人称史料学），而有人在史料研究的基础上从事历史发展过程和历史发展规律研究，这是无可厚非的。但是，史论结合并不是专指宏观的历史事实研究与历史规律研究的结合，它可以泛指历史研究中材料与观点的结合。小至一个古字读音的假设、一件史实真实性的假设，大到历史规律的假设，都可叫"论"，而这些假设都要通过具体、可靠的史料来证明，这些都叫史论结合。因此，在历史研究过程中，做到用观点统摄材料研究、用材料说明观点和假设是具有普遍意义的方法论思想。

（四）坚持批判地继承

研究历史的意义之一，就是总结经验教训，从历史上寻找可供现实实践借鉴的东西。这样历史研究就离不开价值判断，分清什么是不好的，应该抛弃；什么是好的，应该发扬，在思想上、理论上、实践上把它延续下来，这就叫批判地继承。这就要求对历史上的教育思想、教育实践作出分析，做到继承中有取舍，批判中有借鉴，既不要全盘肯定，也不要全盘否定，对于历史上教育家思想与实践的臧否，对于历史上的教育举措的评价，都应采取这种辩证的态度。

第二节　教育历史研究法的步骤

运用历史法进行教育科学研究，不同的研究对象、不同的研究者会有不同的做法，但有一点是相同的，即运用历史法研究任何课题都要以马克思主义理论为指南，搜集史料、鉴别史料、研究史料而得出科学的结论。在具体研究过程中，这几个步骤虽可以反复、交叉地采用，但一般不宜缺少其中的任何一个环节。

一、史料的搜集

教育史料指能反映教育科学研究对象发生、发展过程及其规律性的一切文字和非文字的资料。它大致分为三类：一是史迹遗存，包括遗址、学校的设施、图片、照片、录音、录像、文具、教具、工具、器皿、校徽、纪念章及出土文物等；二是与研究对象有关的故事、传说、歌谣、礼仪、风俗等口口相传的东西；三是文字记录或历史文献，这是史料的主要源泉。单就中国的历史文献来说，它又细分为以下几种。

（一）古代史部书

如正史的二十四史，其中各史的《选举志》、《儒林传》等有集中的教育史料。编年史、杂史、别史、诏令、奏议、传记、史钞、政书、实录等书中也有丰富的教育史料。历代学案如《伊雒渊源录》、《宋元学案》、《明儒学案》、典制体史书的《十通》等，都是教育史料的渊薮。

（二）经、子、集部书

诸经书如《春秋》、《论语》、《孟子》、《三礼》等，诸子百家，儒、墨、道、法、杂家、类书等，集部中的总集、别集、诗文、词曲等，历代文集，如《韩昌黎集》、《柳河东集》、《范文正公集》、《临川集》等。许多优秀的文学作品，从汉赋、唐诗、宋词、元曲到明清小说，都有对当时教育情况的描写，只要认真发掘，就能找出绝好的史料。

（三）档案

我国最早的档案是刻写在甲骨、青铜器、竹木简、缣帛上的。造纸术发明以后，档案的数量大增。内容涉及政府有关教育的法令、制度、规章、政策、决议、指示、规则、调查、汇报、总结、报表、统计、会议记录、学校的章程、工作计划、条例、教学计划、教学大纲、试题、私人的论著、手稿、传记、笔记、信札、教师的教案、讲稿、教学日记、试卷等。此外，还有契约、谱牒、账簿、报纸、杂志、传单、广告等。

（四）地方志

地方志是记载地方经济、政治、文化教育、地理沿革、民族、民俗等情况的书籍，自战国、秦汉、魏晋、隋唐至宋，历代都修地方志书，明清以来，地方志的体裁渐趋定型，流传下来的也极丰富。如各省《通志》和府州县志等。地方志的《教育志》和学校、选举、经籍、艺文、人物、风俗等部分，蕴藏着极为丰富珍贵的教育史料，是科研人员不可忽视的一个史料来源。

（五）墓志和碑刻

政治家、教育家的墓志铭，各地文庙、学院中的碑石刻文，如西安碑林的藏石，往往记录着许多不见于经传的内容，其中也有相当重要的教育史料。

此外，丛书、辑佚书和某些外国人的著述中，也有一些值得重视的教育史料，应注意吸取。

综上可知，教育史料的种类庞杂，内容丰富，浩如烟海，没有科学的方法，就很难将自己所需的材料尽可能完整地搜集起来。因此，在搜集资料的时候，充分利用工具书，寻求门径，按图索骥，往往可以收到事半功倍的效果。工具书的种类很多，如字典、词典、目录、索引、类书、年鉴、手册、图、表等，其中目录、索引专为研究者提供史料线索，因而尤其显得重要，如二十四史艺文经籍志、《四库全书总目》、《书目答问补正》、《贩书偶记》、《贩书偶记续编》、《中国丛书总录》、《七十六年史学书目》、《中国史学论文索引》、《教育学论文目录》及其他专题书目，各种报刊索引和专题索引等，都须为研究者所熟知。不过，对于直接从词典、类书等工具书上发现的材料，利用时要核对原著，以免断章取义。

搜集史料，不仅要了解史料所在和门径，更为重要和大量的工作还在于深入细致地调查和广泛深入地阅读。调查是掌握遗物遗址和故事流传、歌谣、风俗等史料的主要手段，搜集文献资源，则要靠大量的阅读功夫。

带着一个研究专题，怎样从文献中准确而迅速地搜集自己所需要的史料呢？最好将文献书分作三类来读。一类是精读书。选择史料丰富和载有关键性史料的书籍，逐段逐句地阅读，同时，仔细地抠文句的含义，抠它的可靠性，抠它的史料价值，发现能说明论题的有价值的史料，就将它圈点或摘抄下来，重要的还要制成卡片，并将自己的认识随时记在旁边，这类史料是分析的主要对象和立论的主要依据。另一类是泛读书。泛读是指补充史料、掌握论题与相关问题的联系性。比如研究某个教育家的教育思想，就要在阅读他的著作、传记的同时，再读一些与他同时代或相关人物的论著，了解别人对他的叙述、评价和他们之间的关系，还要读一些记载当时生产发展状况的史料，掌握他所活动的历史背景和社会发展要求。只有这样，才能对这个教育家作出全面公正的评价。当然，精读书和泛读书的作用并不是绝对的，随着发掘史料质量、数量的变化，我们从泛读书中得到的史料，可能是更为重要，更能说明问题的，而精读得来的史料反而价值不高，这就有一个准确选择精读书的问题。由此也可以看到泛读在科研中的重要性。须知泛读是指更大的阅读范围，而不是泛泛而读，不予留心。第三类是查阅书。这主要指工具书。查阅可以弥补史料缺陷，并对已有材料进行校勘、考证，只要谨慎从事，查阅得来的材料，仍有重要的用处。

搜集史料的工作是无止境的，对于任何一个研究对象，我们不可能完整无缺地搜集它的一切史料，不过，为了尽可能全面深入地认识研究对象，我们仍然应当有"排空驭气奔如电，升天入地求之遍，上穷碧落下黄泉"的奋勇穷追精神，尽可能全面地掌握与论题有关的史料。

二、史料的鉴别

史料搜集以后，还须进行鉴别，去粗取精，去伪存真，使下一步的分析研究建立在真实可靠的史料上。

所谓鉴别，就是确定史料的真伪和文献字句的正误。由于各种原因，许多史料是伪造、失实或难以确定的。如传闻失误，将史实带上神话色彩，又将神话当作史实；为了牟利，伪造书籍、证件或历史文件；限于认识能力，无法确定或误断历史遗存的主人、作者、形成年代等；由于政治立场、思想感情和道德标准不同，在史料处理上带有偏见和进行歪曲；受外界和个人感情的影响，或因条件所限，致使记录失实；为了炫耀自己，贬低别人或宣传某种思想，委托前人作书；简牍错乱，传抄翻印而又疏于校勘，造成文句上的衍、脱、讹、倒等。由此可知，非文字性史料需要鉴别，文字性史料也需要鉴别。对于大多数史料来说，鉴别的目的不是为了摈弃它，而是为了搞清其真实情况，以便更好地运用。

鉴别流传、歌谣、仪礼、风俗等史料需要民俗学知识；鉴别历史遗存需要考古知识；鉴别文献史料，则需要辨伪、校勘等知识。关于前两种史料，除了专门的技术知识外，最常用的方式就是将口头流传、历史遗存与文字记录的史料相释证。王国维用地下出土的史料与古书上的记载相印证，得出不少可贵的见解和结论，他把这种方法叫做"二重证据法"。二重证据法是我国前辈史家鉴别史料的一种很进步的方法，它不仅适用于鉴别一般史料，对于教育史料的鉴别也有借鉴的价值。

辨伪，就是辨别委托的书，弄清真像，以作恰当的使用。这是我国西汉以来学者治史的一种传统方法。经过长期的经验积累，到了明代，胡应麟在《四部正讹》中将其归纳为系统性知识，后经梁启超发挥，提出了鉴别伪书的十二条公例：①其书前代从未著录或绝无人征引而忽然出现者，十有九皆伪；②其书虽前代有著录，然久经散佚，乃忽有一异本突出，篇数与内容等与旧本完全不同者，十有九皆伪；③其书不问有无旧本，但今本来历不明者，即不可轻信；④其书流传之绪，从他方面可以考见，而因以证明今本题某人旧撰为不确者；⑤其书原本，经前人称引，确有佐证，而今本与之歧异者，则今本必伪；⑥其书题某人撰,而书中所载事迹在本人后者,则其书成全伪或部分伪;⑦其书虽真,然一部分经后人窜乱之迹既确凿有据,则对其书之全体须慎加鉴别;⑧书中所言确与已知事实相反者,则其书必伪;⑨两书同载一事绝对矛盾者,则必有一伪或两俱伪;⑩由文体之时代特征可以断伪;⑪书中所言时代状态与情理相去悬绝者,即可断为伪;⑫书中所表现之思想与其时代不相衔接者,即可断为伪。在《古书真伪及其年代》一书中,梁启超对辨伪方法阐释得更加详密,可供参考。至于其书不伪而其内容包含了一些伪事的情况,各类史书在所难免,引用时更应谨慎鉴别。

校勘又名"校雠"、"校订",指用精校细勘的善本和其他资料核对同一书籍,以恢复史料的本来面目。校勘学始于刘向、刘歆父子提出的"校雠"概念及其实践活动。二千多年来,在我国藏书家和刻书家中也形成优良传统,积累了丰富的经验。陈垣在《元典章校补释例》中提出的《校法四例》,是我国校勘学在近代发展的标志,现简要介绍如下:

(一)为对校法

以同书祖本或善本对读,遇不同之处,则注于其旁。

(二)为本校法

以本书前后互证,发现和纠正错误。

(三)为他校法

以他书校本书,即与类书、旧注和其他书籍的原文征引相核对以发现问题。

(四)为理校法

即在熟透全书的情况下,遇到无古本可据,或数本互异而无所适从时,即根据本书上下文和史事的其他例证,作出判断和处理,以定其是非。此法最高妙而又最危险,故"须通识为之"。

史料的鉴别是一项十分艰巨复杂的工作,需要客观的态度、科学的方法和严谨细致的工作作风。古人的经验,固然必须借鉴,但随着科学的发展,新技术和新方法的不断涌现,利用放射性同位素钾—40、碳—14等的衰变规律来测定出古文物的产生年代，即其实例。我们要在继承前人成就的同时，重视学习和引进新的科学方法，使我们的研究借助于现代科学的成就，取得更大的成果。

三、史料的分析研究

搜集和鉴别史料是科学研究的基础工作，但毕竟不等于科学研究。完整的科学研究过程，包括对丰富史料的理性加工，以获得对事物本质规律性的认识及对这种认识的实践检验。我国清代学者在搜集、整理史料上花了很大精力，有的甚至毕生以赴，但由于他们仅将自己的工作停留在整理、考据的阶段上，不能前进一步，因此，就不能在科学研究上做出大的贡献。

在教育科学研究中，对材料的理性加工形式很多，历史法最常用的则是分析、综合、比较、抽象、概括等几种形式，各种形式都是为了准确地完成从事实材料到理性认识、又使理性认识在事实材料中得到检验这样一个认识过程。这一过程，要经历从现象具体到抽象规定再到思维具体三个阶段，史料是科研对象的表象，即现象具体。分析是局部认识对象的本质，由分析得到对事物局部片断的认识后，用理论的形式将其固定下来，叫做抽象规定。在对研究对象各部分抽象规定的基础上，不断地进行再抽象，达到理论最稀薄的境地，我们对事物就有了本质的认识，这便是思维具体。思维具体来源于现象具体，但它比现象具体更全面、更完整、更深刻地反映了研究对象。我们对事物的认识达到这个阶段，就完成了从现象到本质、从感性到理性的认识阶段。

至于这种结论是否为真理性认识，那还需到实践中接受检验。我们知道，历史的过程具有一度性，它不能重返舞台，但这并不意味着人类对历史的认识不受实践的检验。事实上，不光是社会历史过程，严格地说，自然和社会的任何过程都具有一度性，比如自然领域的实验活动，只是现象在相同条件下的重现，而不是过去现象的返回。从这个意义上讲，社会历史现象也会在相同条件下重演。比如我们根据大量的材料，发现春秋战国时期，由于社会生产力的提高，封建的社会经济迅速发展，诸侯国为了争得霸权，都很重视教育和培养人才，因此当时教育出现繁荣昌盛的局面。我们由此得出结论说，社会经济和政治决定教育事业的发展。然后，我们拿这一认识到各代历史中去检验，发现汉、唐、宋、明、清前期，封建社会经济也都有比较明显的发展，社会秩序也相对稳定，因而教育文化事业也一再出现兴旺发达的景象，它们各自给我们留下了丰富的具有时代特征的文化遗产。当然，汉代的文化教育不同于春秋战国，唐宋明清各代虽然都继承了前代的遗产，但毕竟各与前代不同。然而，就各代社会经济、政治决定教育文化事业的发展而言，东周、汉、唐、宋、明、清初，各代不都有过重复吗？这不就是对经济政治决定教育文化这一论断的反复检验！

从史料中得出的结论，经得起客观实践的检验，便是真理性认识。

第三节　运用教育历史研究法应注意的事项

一、要以马克思主义理论为指导

历史法是用一定的观点去研究某种事实材料，从而达到认识客观事物的目的。史观不同，研究的结果也大不一样，但要真正把科学研究变为创造性活动、解决前人没有解决的问题、推进人类对客观世界的认识就必须借助于马克思主义理论的指导。马克思主义理论是马克思主义经典作家继承了人类认识的一切优秀遗产、并通过观察各国历史事实概括出来的最一般的科学原则，也是唯一科学的认识方法。任何科学研究，只有在马克思主义理论指导下，才能够透过纷繁复杂的现象形态，认识事物的实质和规律，鼓吹要理论的"纯客观研究"，把研究过程看作单纯的搜集资料、整理资料和排比资料，以否认马克思主义理论对科学研究的指导作用，若不是糊涂观念，就是有意用反科学的理论来抵制科学理论对研究工作的指导。可以肯定，他们除了对社会现象作唯心主义的曲解外，得不到任何的科学结论。这是一方面。

另一方面，以马克思主义为指导，也要避免拿一般原则来代替关于具体问题的结论。在这种错误倾向下，研究者不是从研究对象的事实材料出发，对真实的史料进行具体的分析研究，得出结论，而是摘抄马克思主义著作的个别文句，再引几段史料为例证，或者离开史料，空发议论，用主观设计的理论框框，硬套或剪裁事实材料。在他们那里，理论不是材料的升华，材料也不是理论的唯一依据，史与论，即材料与观点是两张皮，这是要不得的。正确的做法，只能是在马克思主义革命立场、唯物主义观点和辩证方法的指引下，从全面的有联系的事实材料本身分析、综合、抽象、概括出科学的结论，只有这样得出的结论，才是崭新的、经得起实践检验的，因而是有用的。

二、要有全局观念，并注意抓主要事实材料

如研究一个时期的教育，既要看到经济，又要看到政治和文化；既要摆好教育在当时历史全局中的地位，又要看到全局中各部分与教育的相互作用；还要看到各部分之间的内在联系。经济基础决定上层建筑，社会存在决定社会意识，要始终把教育置于经济基础之上、政治背景之下考察，这样才能看清研究对象的来龙去脉和实质。全局观念还要求搜集史料，研究问题时注意搜集和研究过程中各个经过阶段的材料，以期对问题有一个全面的认识。

围绕一个问题的史料可以多得难以穷尽，我们很难将它全部收集起来。好在历史法所研究的只是对整体的运动过程，不是它的一切部分和一切方面，因此我们不能也无需将研究对象的一切事实材料都搜集起来，只要抓住反映事实的主要材料，抓住反映事实各主要关节的材料和带有普遍意义的材料，就能把握对象的本质和必然性。

三、要直视研究对象发展的时间顺序和空间变换

如果说在研究过程中需要顺向与逆向、纵向与横向的观察方法，那么，在将研究结果写成论文时，就要尽量避免倒叙的形式，否则便不好按进程将事物发展的规律性清晰地揭示出来。

思考题：

1．教育历史法的研究范围有哪些？

2．简述教育历史法的研究步骤？

3．运用教育历史法应注意的事项是什么？

参考文献

1. 李秉德. 教育科学研究方法 [M]. 北京：人民教育出版社，2001.

2. 陈向明. 教师如何做质的研究 [M]. 北京：教育科学出版社，2001.

3. 李丽芳主编. 教育科学研究方法 [M]. 河北：河北人民出版社，2005.

4. 郑金洲. 教师如何做研究 [M]. 上海：华东师大出版社，2005.

5. 柳夕浪. 教师研究的意蕴 [M]. 北京：教育科学出版社，2007.

6. 刘良华. 教育研究方法 [M]. 上海：华东师大出版社，2007.

7. 张红霞. 教育科学研究方法 [M]. 北京：教育科学出版社，2009.